MW00947966

Con todo cariño
Para: Yosef y Sarah Sigaud

octubre 19/2021

Las Santas No van al Cielo

Dora Franco

Derechos de autor © 2021 Dora Franco
Todos los derechos reservados
Primera Edición

PAGE PUBLISHING, INC.
Conneaut Lake, PA

Primera publicación original de Page Publishing 2021

ISBN 978-1-66248-915-0 (Versión Impresa)
ISBN 978-1-66248-914-3 (Versión Electrónica)

Libro impreso en Los Estados Unidos de América

Al Dios de todos, a mi ser interno y a mi querida Alma, que me ha alentado a continuar, cuando muchas veces quería rendirme o no creía en mí, ni en lo que hacía, la que me ha venido acompañando a lo largo de este camino, viéndome llorar, reír, muchas veces haciéndole más caso a mi ego, dejándome llevar por impulsos descontrolados y no por mi intuición.

Ella siempre ha estado ahí velando mis sueños más profundos, la que bajó conmigo en el momento de mi nacimiento, mi compañera de viajes, la que siempre guarda silencio dejándome simplemente ser, la que me permite ver más allá de mis sentidos, la que ha visto mis caídas, miedos, angustias y desventuras, pero también como he resurgido de mis cenizas, en mis noches oscuras ella era mi luz, cuando casi todos me abandonaron, cuando golpearon no solo mi cuerpo haciéndome creer indigna y que no valía, ella siempre ha estado ahí, en silencio, esperando mi despertar...

Prólogo

Es la historia de 6 mujeres con diferentes estilos de vida, pero todas tienen algo en común, quieren "ser felices"... nos pasamos la vida buscando afuera aquello que nos proporcionara esa felicidad tan anhelada, esposo, hijos, amigos, amantes, y hasta en las mascotas. Qué ironía cuando somos pequeñas desearíamos que nos las dieran nuestros padres, pero a medida que vamos creciendo empieza la búsqueda a través de amigos, para luego pasar a la conquista de nuestra alma gemela, nuestro anhelado príncipe azul. Siempre algo afuera de nosotras que vendrá para rescatarnos y nos dará la vida de nuestros sueños, sin darnos cuenta de que los príncipes azules también están buscando su princesa que a su vez los rescatará para darles la felicidad que ellos también buscan.

Y en este ir y venir se olvidan que los príncipes en la vida real también tienen historias tristes, y que los únicos que en realidad encuentran esa felicidad fuera de sí mismos, es en los cuentos infantiles, o en las novelas rosas, pues en la vida real no es así de sencillo.

La felicidad es un estado del ser, por lo tanto, no es algo que se pueda encontrar fuera de nosotros, pero, todos tenemos acceso a ella.

La vida es demasiado sencilla, pero nosotros en nuestros afanes diarios nos olvidamos de vivir, del porqué estamos aquí, cuál es nuestra misión, estamos completamente sumergidos en nuestros roles y personajes algunos ya pasados de moda y entonces olvidamos que somos turistas, en un planeta que no nos pertenece y que solo vinimos a aprender en la universidad de la vida, para un día regresar a nuestro hogar.

Ana

Buscando mi libertad

En estos momentos acabo de cumplir 18 años, añoraba tanto que este día llegara, para poder irme de casa de mis padres y hacer lo que se me dé la gana, total es mi vida y con ella voy a hacer lo que se me antoje.

Primero voy a hablar un poco de mi niñez; fui sobreprotegida por mis padres, especialmente por mi padre, quizás por ser hija única, él me veía como la niña de sus ojos, creo que le hubiese gustado que me quedara siendo niña toda la vida, así podía tenerme con él eternamente, soy hija única, y esto conlleva un enorme peso, una gran responsabilidad pues no quieres defraudar a quienes te lo dan todo, y creo que le pasa a la mayoría de los hijos, pero cuando solo existes tú y no hay más con quien repartir las cargas, sientes que llevas el mundo a cuestas, sin embargo, cuando eres pequeña y vulnerable eso te hace sentir amada, y no es que ellos fueran malas personas, simplemente yo era el centro de sus vidas. Puede ser entendible hasta cierto punto, pero a medida que fui creciendo crecieron en ellos sus miedos e inseguridades las cuales en buena parte me transmitieron, en sus mentes me tenían atada y no me permitían volar, estaba bien que se preocuparan por mí, lo entiendo, pero no de la manera tan excesiva como lo hacían, siempre pensando que en cualquier momento me iba a pasar lo peor, y con eso solo lograron que mi carácter rebelde saliera a la superficie y empezara a tener problemas con ellos.

A medida que los años fueron pasando me fueron asfixiando cada día más y estoy completamente segura que no eran conscientes de ello. Así de sencillo. Las desventajas al menos para mí, atención total sobre tu persona que puede llegar a convertirse en una pesadilla, al no tener hermanos, no tienes con quién compartir tus tristezas, alegrías, amores y desamores o algo tan elemental como tener con quién pelearse, lo cual hacen todos los hermanos en algún momento de sus vidas por muy bien que puedan llevarse, eso es parte de la vida. Mi madre no quiso tener más hijos, era joven y saludable simplemente ya conmigo era suficiente para ella, pienso que en el fondo le tenía miedo a las responsabilidades, mi padre aunque no estuviera de acuerdo en muchas de las decisiones que ella tomaba siempre la apoyaba, él sí quería y estaban en condiciones de hacerlo, pero ella simplemente le dio un rotundo *"no"*, inclusive le llegó a decir que si tanto deseaba otro hijo tendría que ser con otra, pero mi padre amaba tanto a mi madre que esa no era una opción, y simplemente se resignó y olvidó el asunto.

De todo esto me enteré cuando ya era una adolescente en una conversación que sostenían de manera acalorada de la cual yo no me di por enterada. En fin, me convertí en la reina de mi padre y la princesa de mi madre, a la cual me parezco mucho físicamente.

Mis padres se casaron, cuando los dos ya se habían graduado, y decidieron tenerme cuando su situación financiera no era un problema para ellos, cosa que trataron de meterme en la cabeza todo el tiempo.

Desde muy niña deseaban que yo continuara de alguna manera las asignaturas que a ellos les habían quedado pendientes, y no solo ellos, creo que a la gran mayoría de padres les pasa lo mismo.

Mi madre deseaba en el fondo que continuara sus pasos y un poco más, es decir que no tuviera vida propia sino más bien una secuencia de ella, a mi padre no es que no le importase, pero lo único que deseaba era verme realizada y feliz, pero como lamentablemente no tenía mucho carácter para hacer valer sus opiniones siempre terminaba complaciéndola, en otras palabras era un títere en sus manos. Y así pasaron los años viendo cómo crecía su reina, sin corona. Fui muy amada lo sé, quizás no de la forma en que yo hubiese

10

querido, pues creo que cualquier sentimiento que no sea controlado puede convertirse en algo perturbador, hasta el amor.

Me lo dieron casi todo, pero creo que siempre hubo una gran manipulación, deberes y obligaciones, mis deberes eran sacar buenas notas, portarme bien, no darles problemas, ser obediente, no contradecirlos, aceptar sus reglas, en otras palabras era su mascota, pues a todo esto si yo lo hacía bien, era enormemente premiada, estaban dispuestos a bajarme el cielo si yo era una hija ejemplar y no les causaba problemas. No me explico de donde habrán sacado este manual tan obsoleto, para el día de mañana no aplicarlo con mis hijos, entiendo que sus padres hayan sido muy severos con ellos, pero los tiempos cambian y todas las personas son diferentes, la vida no es un manual ni una receta de cocina que debe funcionarles a todos por igual.

Fui como ellos querían que fuera, pero interiormente no me sentía bien, no era lo feliz que otros pensaban que era, siempre tratando de agradarlos y satisfacerlos, pues pensaba que era la mejor manera de pagarles todo lo que me daban, y hacían por mí, pero mi insatisfacción crecía día a día, quería hablar con ellos de mis sueños, no de lo que ellos esperaban de mí eso ya era obvio, pero siempre la conversación terminaba en nosotros sabemos lo que es mejor para ti.

A los 13 años conocí a un chico que me llevaba 4, era el primo de mi mejor amiga, sí, por cierto si tenía amigas, pero eran celosamente escogidas por mi madre, daba igual pues todas éramos niñas de buenas familias y con ciertos valores, apenas lo conocí me enamoré fue amor a primera vista, mi primer amor, mi primera ilusión, cuando lo veía era como si el mundo dejara de existir, era imposible compartir lo que me estaba sucediendo con mi madre, jamás lo entendería, así que me hice novia de este chico, y la única que lo sabía era su prima, era mi cómplice, teníamos nuestros encuentros en casa de mi amiga bajo la lupa de sus padres, pero la ocasión hace al ladrón, y eso fue precisamente lo que sucedió, estaba perdidamente enamorada creía que sería para toda la vida, me hacía cuentos en mi cabeza, yo era Julieta y él era mi Romeo que vendría y me rescataría y así pasaron los meses, él me hacía creer que yo era la única, y cada día ese amor se alimentaba más y más, un día cuando todo se puso a nuestro favor, después de haber pasado por muchos contratiempos, me entregué a este hombre pensando que era mi Romeo, mi salvador, el que me haría feliz por el resto de mi vida, es verdad que así pensamos las mujeres y aun siendo tan joven en mí se había despertado ese deseo que solo de verlo quería estar con él íntimamente, después de la primera vez, no sabía cómo verle la cara a mama, imaginaba que sabía todo de mí y que se daría cuenta, pero no fue así, confiaba en el fondo mucho en mí, y yo simplemente me dejé llevar por ese amor, de juventud, todo el tiempo que las oportunidades no lo permitieran, él era muy cuidadoso de que no fuera a quedar preñada, pero a medida que el tiempo pasaba y al no ser la chica liberal que él deseaba, rompió conmigo y con mis sentimientos, ilusiones, me destrozó el corazón y a mi alma le dolió, sí, efectivamente el alma siente.

No quise escuchar a mi amiga cuando trató de advertirme, pues honestamente estaba ciega y lo único que importaba era lo que yo sentía, lo que él me hacía sentir, era un buen chico que simplemente se enredaba con cuanta Julieta y no Julieta se le cruzara en su camino, a su edad eso es lo que quieren la mayoría de los chicos, y existe mucha competencia entre ellos, somos simplemente un número más en la lista, es triste decirlo, pero eso es lo que sucede cuando nos dejamos llevar por nuestros sentimientos a tan temprana edad y sin medir los riesgos, las consecuencias.

A tan temprana edad, siendo una chica bien educada y a la que no le faltaba nada, que aparentemente era feliz, mis padres no habían podido librarme de aquel dolor por el cual estaba pasando, pero creo que fui muy afortunada pues había visto como la vida de otras chicas, las cuales siendo muy jóvenes, sus vidas se habían salido de control, drogas, alcohol, sexo sin ningún tipo de control, en fin, todo aquello que en un segundo te puede cambiar la vida para siempre, simplemente por estar a la moda, pero cuando se es muy joven es muy fácil caer presa y hacer todo lo que hacen los demás, para estar en buena onda y no ser discriminada por los grupos, y resulta que una vez que caes en esta vida, se convierte en tu peor pesadilla, pues una vez que entras en alguna adicción, no les resulta fácil salir, y aquello que empezó por curiosidad o por quedar bien con el grupo para ser aceptados, desean vivir la vida intensamente pues en sus mentes débiles el mundo se acabara en cualquier momento, y al no tener a quién recurrir en una decepción amorosa como la mía es fácil tomar el camino aparentemente más fácil, que las hará olvidar, muchas niñas terminan siendo usadas, pues ellas lo han permitido y lo peor es que piensan que eso es amor.

Volviendo a mi relato con mi Romeo, y no es que así se llamara este chico, para mí en su momento lo era, luego me seguía enterando de más cosas, tenía Julietas por doquier, yo apenas era una de sus tantas Julietas y tenía tan buena suerte, que ninguna sabía nada de las otras, con todas tenía relaciones y a cada una nos hacía creer que éramos únicas, sí, realmente las únicas tontas que al estar tan enamoradas no nos percatábamos de sus mentiras, y con todas quedaba bien, era guapísimo y al igual que yo, hijo único, sus padres se lo daban todo, tenía un lujoso carro, dinero nunca le faltaba, y por supuesto su testosterona andaba a millón por hora, era lógico su insaciable apetito, al igual que yo las otras Julietas, eran de buenas familias, y algunas más bellas que otras, pero todas con sus encantos, en sus años juveniles. Debo confesar que este Romeo no perdonó a cuanta Julieta se le cruzó en su camino, hasta que le llegó su turno muchos años después, con una chica que no era precisamente una Julieta y ahí le tocó vivir en carne propia lo que él había hecho, sin ningún tipo de arrepentimiento. Pero esa es otra historia.

A los pocos meses de mi cumpleaños número 18 me llené de valor pues aunque deseaba irme de casa, no estaba muy segura de la reacción de mis padres, sabía que sería doloroso para ellos, pero nada de lo que dijeran me haría cambiar de parecer, así que me armé de valor y les comuniqué que me iría a vivir con una amiga, que trabajaría y costearía mis estudios, que por ningún momento se me había ocurrido no continuar con ellos, que los amaba, pero necesitaba esta distancia que estaba tomando, y que mi decisión estaba tomada, ellos nunca sospecharon nada y aquello les cayó como un balde de agua fría, sencillamente estaban en shock, luego que salieron de ese estado, empezaron a bombardearme con preguntas, lo único que respondí fue los amo, pero necesito mi libertad y mientras yo siga dependiendo de ustedes en todo, lamentablemente no creo que pueda ser yo. Inmediatamente mi madre dijo que yo era una mala hija, desagradecida, que no valoraba todo lo que habían hecho por mí, todo su esfuerzo y sacrificio habían sido en vano, según ella, ahora me iba sin ninguna razón, empezó a hacerse la víctima y estaba haciéndome sentir realmente mal, pero no cambiaría mi decisión, al contrario mi padre no dijo una sola palabra, solo escuchaba, pero sentía su tristeza y me dio mucha pena, al ver como sus ojos se llenaron de lágrimas, pero no como para cambiar de opinión, estaba tomada y punto. Me llevé la ropa, algunas cosas personales; y me marché.

Fui a vivir con la que para ese momento era mi mejor amiga, no era de mi círculo de amistades, la había conocido por casualidad y me parecía que tenía una vida maravillosa, vivía sola, trabajaba, tenía vida propia y yo en parte me dejé llevar por lo que veía externamente, lo que yo quería ver, ella muchas veces me había ofrecido un lugar en su apto, solamente trabajaba, y al no tener ninguna preparación no le alcanzaba más que para cubrir sus gastos, una vez que me mudé con ella empecé a ver la realidad como era, no como me la había imaginado en mi mente, sus expectativas frente a la vida eran muy diferentes a las mías, a diferencia de la mía en la que mis padres me lo habían dado todo aún con sus errores, la de ella no era así había carecido de muchas cosas, en especial de amor.

Yo por el contrario había elegido *"libertad"* y habían sido mis decisiones las que me tenían donde estaba, así que decidí no pensar mucho en ello y enfocarme en lo que yo quería, salir adelante por mis propios medios, y demostrarles a mis padres que había podido hacerlo sin ellos, ese era mi foco de atención, donde ponía toda mi energía, en ese momento y con mi juventud lo veía todo muy fácil, estaba dispuesta a comerme el mundo y a triunfar.

Como no tenía ninguna preparación académica me tocó empezar de abajo, haciendo cosas que nunca pensé hacer, empecé a valorar a las personas que lo hacían, pero no me quedaría ahí lamentándome con mi destino, a pesar de haber disfrutado de tantas cosas maravillosas, el escenario que tenía ahora frente a mi era completamente diferente, a veces me parecía que era un sueño pero yo había elegido aprender de esa manera y ahora era mi turno.

Trabajaba incansablemente, y me daba para cubrir mis gastos, pero no podía derrochar en nada pues lo primero que haría sería comprarme un auto, para tener algo de independencia, acostumbrada a darme buenos gustos con el dinero de mis padres, ahora valoraba cada centavo que entraba a mi cuenta, no podía darme ningún tipo de lujo o despúes los números no darían para lo que yo ahora realmente deseaba y necesitaba, por más trabajos que pasaba jamás pensé volver donde mis padres, según mi punto de vista derrotada, esa no era una opción para mí.

Mi amiga por el contrario vivía su vida al día, como decía ella, ya mañana veremos, coincidíamos muy poco, y el tiempo que la veía trataba de aconsejarla aún siendo yo mucho menor que ella, pero ella vivía su vida como le parecía y decidí no meterme en sus asuntos ya bastante tenía yo con los míos.

Trabajaba muy duro y finalmente me pude comprar mi tan ansiado auto, ni comparación al que me iban a dar mis padres una vez que empezara la Universidad, pero era producto de mi esfuerzo y para mí valía mucho, aunque a veces me sentía muy sola y pensaba que mis estudios se quedarían esperándome, y jamás los llegaría a realizar, había una vocecita interna que siempre me decía lo contrario, yo dudaba lo confieso, pero las ganas que tenía de demostrarles a mis padres que había tomado la decisión correcta era más fuerte que mis dudas, era el combustible, lo que me daba impulso para no rendirme.

Me había ido de casa buscando dizque la felicidad, y la libertad como si estuvieran en algún sitio esperando por mí, y lo que tenía en frente de mí no era precisamente eso, me había hecho una película en mi mente, pero la vida real era otra cosa.

Sabía muy poco de mis padres, solo que se la pasaban viajando, y viviendo sus vidas, me entristecía pues yo podía estar estudiando y viajando con ellos, pero yo había tomado la decisión de abandonarlos no ellos.

Tenía un nuevo trabajo en el cual estaba aprendiendo mucho, daba lo mejor de mí, y el cual me abriría las puertas en el futuro.

Una noche saliendo del trabajo, me encaminaba a mi carro y tropecé con un muchacho, que trabajaba cerca del mío, y aunque muchas veces habíamos coincidido jamás le presté atención, quizás cosas del destino, había llegado el momento del amor, estaba cansada, pero necesitaba despejar mi mente de tanto trabajo, me invitó a tomar un refresco, y a decir verdad, hacía falta en mi vida un poco de diversión.

Nos fuimos conociendo, era guapo, atento, estaba muy pendiente de mí, y cuando menos me di cuenta, estaba locamente enamorada de este ser tan especial, compartíamos todo, ahora tenía con quién desahogarme, llorar cuando recordaba a mis padres, yo sentía que era mi alma gemela, compartíamos todo el tiempo que teníamos juntos y era como tocar el cielo, me daba mucha paz, finalmente sabía lo que era la felicidad en libertad.

Un día paso recogiéndome y le presenté a mi amiga, la que había sido testigo en los últimos años de todo mi dolor, pero también de mi crecimiento como ser humano, si es verdad que compartíamos poco, pues cada una estaba enfocada en lo suyo, había aprendido a quererla mucho más, cuando me dio su apoyo, habían pasado tantas cosas, le conocí tantos novios, sabía que, al igual que yo buscaba ser feliz, quería ser feliz.

Ella era 6 años mayor y yo le confiaba todo, desde que comencé mi relación con este chico, le dije que éramos felices, y aunque ella sabía más de la vida por sus experiencias, jamás le permití que se entrometiera dándome algún consejo, nunca le conocí un novio formal todos iban y venían, su eslogan era vivamos el momento y nada más, sin embargo yo si estaba teniendo una relación formal con alguien con quien compartía casi todo y con el cual era feliz, cosa que ella a mí entender no había podido disfrutar de todo lo que me estaba sucediendo, tanta felicidad que veía en mí, creo que empezó a corroerle el alma, a estas alturas ya mi novio y yo teníamos 2 años de relaciones, él trabajaba duro y también iba a la Universidad, era muy ambicioso, quería salir adelante pues a diferencia de los míos, sus padres no tenían muchos recursos, pero lo apoyaban en todo.

Nuestra relación seguía viento en popa, me veía casada con él, con hijos, habiendo terminado ambos los estudios, y luego iría a ver a mis padres para que disfrutaran de mi felicidad, pero la vida me tenía una sorpresa escondida.

Un día llegó a la Universidad y las clases habían sido suspendidas, me dio mucho gusto, pues a decir verdad estaba literalmente sin energía, el fin de semana había sido muy intenso y necesitaba recuperar mis fuerzas, así que me dispuse irme al apartamento, mi novio me había dicho que tenía un compromiso con sus padres, así que decidí no llamarlo para contarle lo acontecido en la Universidad, era muy buen hijo y eso me llenaba de satisfacción, mientras iba camino al apartamento me sentía muy triste sin saber por qué, quizás era por mis padres, pero era algo más profundo que cuando pensaba en ellos, mi vida tenía muchos sinsabores que yo solita me había buscado, pero en medio de todo ello, ya estaba en la Universidad a la que tanto me había costado entrar, y la relación que tenía, era suficiente para ser feliz.

Pensé que estaba buscando fantasmas donde no los había, así que puse mi mente en lo bien que me sentiría cuando llegara, tomaría un baño, me podría mi pijama, tomaría un té, y luego caería en los brazos de Morfeo, hasta el día siguiente, cuando planeé todo eso en mi mente, mi rostro cambió y terminé sonriéndome.

Por fin llegó, la puerta está entre abierta, me asusté un poco pues eso no era normal, que ella dejara la puerta abierta, las luces apagadas, pero me di cuenta de que mi amiga estaba con alguien, así que eso me tranquilizó, estaba bien, y como yo estaba acostumbrada a esas situaciones me pareció normal, me dije: *"ok, que lo disfrute"* a todas estas en el momento que me disponía irme al cuarto sigilosamente para no interrumpir sus veladas como siempre hacía, algo dentro de mí hizo lo que nunca había hecho, me acerqué a su cuarto el cual tenía la puerta a medio cerrar, pero con muy poca luz, o sea, que podía ver y escuchar todo, por segundos me sentí muy mal de estar en esa situación, pero a medida que me acerqué sin que ellos notaran mi presencia pues estaban entregados a sus placeres, para mí total sorpresa, no era uno más el que estaba con mi amiga, era mi alma gemela, mi novio, con el que me iba a casar, tener hijos, no sabía qué hacer, si entrar y enfrentarlos o sencillamente huir, estaba petrificada, mi pobre corazón latía de una manera desenfrenada, parecía que se me iba a salir, no sé cómo me quedé para escuchar lo que decían, ya tenían un buen tiempo, un año para ser exactos, y lo estaban celebrando, el mundo se me vino encima, no sabía que me dolía más, si la traición de ella o de él, escuché sus risas, sus te amo de ambas partes, como ella hablaba de mí diciendo que no era más que una mojigata, con ínfulas de grandeza, qué cosas no dijo, mentiras y verdades que yo le había contado en su momento, pero que no tenían importancia, y ella las adornó a su antojo, pero qué importaba todo esto el velo se había caído y el dolor era enorme, deseaba morir, me sentía usada, que no valía nada y mi autoestima sufrió la peor parte, ya había sufrido otra de la cual aun siendo muy niña la había superado, pero ahora todo era distinto, podría con este nuevo desengaño, y me dije: *"las santas no van al cielo"*. Había sido doblemente traicionada.

En estado de shock e impotencia, saqué fuerzas de donde no las tenía y me fui hasta mi habitación, y con lo poco que me quedaba de dignidad, recogí lo que pude, ellos nunca notaron mi presencia, y salí de ese lugar donde su basura no pudiera alcanzarme, con rumbo incierto, pues el dolor y la confusión no me permitían pensar con claridad de lo que haría y como sería mi vida después de ese suceso, solo deseaba alejarme, mientras conducía no paraba de llorar y preguntarme, qué había hecho yo de malo para recibir esta lección tan cruda y dolorosa, eran muchos los porqués. En ese momento, en esos tiempos, jamás me hubiera preguntado para qué está sucediendo esto en mi vida, eso lo aprendería mucho tiempo después.

Como no tenía dónde vivir, mientras conseguía otro sitio, pasé varias noches durmiendo en mi carro, casa, compañero de lágrimas, tristezas y desahogos.

Una compañera de trabajo se enteró por encima de lo que me estaba pasando, ella lo conocía, no quise darle detalles, pues ya me parecía que era morbo, y me ofreció su casa hasta que encontrara un lugar seguro donde vivir, finalmente, pasadas 3 semanas, me mudé sola a un pequeño estudio, las semanas que pasé con esta nueva amiga, su esposo y niños, me hizo nuevamente creer que existía gente sincera, y bondadosa, poco a poco todo fue volviendo a la normalidad, pero aún con mucho dolor, estuve tentada a llamar a mis padres, pero mi orgullo no me lo permitió, y menos en esas circunstancias, ellos sabían de mí por algunas amistades y aunque me contaban que les dolía, decían que eran mis decisiones y que ellos habían aprendido a respetarlas, lo mejor era que sabían que yo con mucho esfuerzo ahora estaba en la Universidad y estaba en el proceso de alcanzar mis metas.

Mi ahora exnovio llamaba a la oficina incesantemente, al principio no le respondía pues no quería reclamarle nada a ninguno de los dos, ese episodio en mi vida había terminado de manera abrupta, con un final que yo nunca hubiera imaginado, y simplemente lo había cerrado, aunque no mis heridas que aún tardarían mucho tiempo en cicatrizar, él no tenía idea de lo que yo había visto, pensó más bien según me contaron luego, podía ser un chisme de alguien que no quería que estuviéramos juntos, me buscó en la salida de mi trabajo muchas veces y jamás le dije nada, creo que con mi mirada era suficiente.

Fueron tantas las veces que lo ignoré, rechacé, que le di en su orgullo, en su ego, quería hacerlo sufrir, pero después desistí y con tanto rechazo en frente de mis compañeros que lo conocían, se dio por vencido, y luego me daría la estocada final, pero para ese entonces ya mis heridas habían sanado.

Mi vida transcurría, en una aparente tranquilidad, para ser sincera tardé mucho tiempo en recuperarme y cerrar completamente mis heridas, pero el maravilloso tiempo fue mi aliado, continuaba trabajando, y estudiando muy duro pues quería terminar lo que tanto me había costado y me sumergí completamente en ello, era mi foco de atención, en esos tiempos de tanto dolor y confusión tenía bien claro que quería volver a ver a mis padres, pero en otras circunstancias, yo había tomado decisiones a muy temprana edad, sin medir los riesgos solo dejándome llevar por lo que yo quería ver como libertad y felicidad, pero allá afuera la vida era otra cosa, y si no estás preparado, cosa que yo no estaba, puede convertirse en tu peor pesadilla, te toca madurar lo quieras o no, la vida no te da tregua es parte de vivir.

Mucho tiempo después, me enteré de que mi exnovio, con el que yo había fantaseado tanto, se había casado, pero lo que me asombró no fue eso sino con quien lo había hecho, nada más y nada menos que con la que yo creía mi amiga, pero ahí no queda la cosa, sus vidas se transformaron pues de tener una relación oculta, ahora eran una pareja feliz, o al menos eso le demostraban a la sociedad;

él había terminado sus estudios universitarios, pero ella nunca había estudiado y los estudios no eran su prioridad, jamás había hecho nada que valiera la pena.

A medida que el tiempo pasaba se convertía más en mi aliado, y así fue como supere este período oscuro en mi vida, el cual me dejó una gran cantidad de aprendizaje.

Terminé mis estudios y con ello el momento más esperado por mí, llamar a mis padres para que me acompañaran en ese día tan esperado y especial en mi vida, significaba tanto que ellos estuvieran junto a mí, pero ya no quería demostrarles nada, solo sentirme nuevamente amada por ellos, ahora los podía entender mejor, ya no era tan injusta, la vida que había escogido me había hecho madurar, y el dolor me hizo fuerte más no rencorosa, los llamé y su respuesta fue un sí muy cálido, muy esperado, y debo reconocer que en el fondo tenía un poco de miedo a su reacción, pero me llevé una grata sorpresa, ellos tampoco tenían ningún tipo de resentimiento y había sucedido después de mi partida, luego me enteraría.

Llegó el día del reencuentro, se veían felices, estaban radiantes, sus ojos tenían un brillo especial, de admiración, me observaban como si me vieran por primera vez, creo que era verdad, era otra persona y ellos también, todos habíamos cambiado para bien, estaban en primera fila y realmente se veían orgullosos de su hija.

Después de la ceremonia, y con todos los honores que había recibido, me sentí agradecida, había valido la pena tanto esfuerzo y noches sin dormir persiguiendo mis sueños, estaba terminando una etapa muy importante en mi vida, vendrían más desafíos, pero ahora estaba mejor preparada, nos fuimos a celebrar los tres, quería algo íntimo, de alguna manera ese título también era suyo por todo lo que me habían dado cuando estuve a su lado, quería dejárselos saber.

Fue una noche inolvidable y de muchas sorpresas, tanto para mí, como para ellos, habían pasado tantas cosas de ambos lados, después de mi partida, mi padre cayó en una profunda depresión, lo cual hizo a mi madre que se replanteara su vida, ella realmente lo amaba y no quería sufrir otra pérdida, con la de su única hija era suficiente, sentía según ella como su vida se desmoronaba y ya el aparente control no existía, así que decidió ayudar a mi padre en su proceso, al principio pensó en huir, pero luego desistió, pues el sentimiento que tenía por su esposo era más poderoso, empezaron un largo proceso de curación interna con terapia, cursos, maestros, todo lo que oliera a sanarse, y a la vez para poder comprenderme mejor, ellos también soñaban con nuestro reencuentro, pero a otro nivel, sin quejas, ni juicios, sin sentirse víctimas, los escuchaba y sentía que estaba en frente de dos seres diferentes, como la vida a través del dolor los había hecho hacer su trabajo interno, no hubo llantos, solo alegría y mucha comprensión.

Habían viajado mucho, pero en sus mentes y corazones yo estaba presente, eso los había unido más, intenté pedirles perdón por lo injusta que había sido, pero no lo permitieron, creo que al verme tan cambiada y con todo lo que les había contado para poder cumplir mis sueños, que muchas veces quise llamarlos, pero no que me vieran derrotada, quería que valiera la pena el haberlos abandonado, yo seguiría aprendiendo de la manera que había elegido, estaban gratamente sorprendidos pero orgullosos, de yo haber escogido el camino más fácil, en estos momentos el escenario de mi vida sería otro.

Me pidieron que regresara a casa, les dije que no lo descartaba, pero quizás más adelante, ellos al igual que yo, sabíamos que esto no sucedería, ellos tenían su vida, y yo la mía.

Ahora graduada, tenía un trabajo muy bien remunerado, con la experiencia que había adquirido en mi antiguo trabajo, era una gran ventaja, empezaba una nueva etapa, pero estaba abierta a aprender todo lo que se me pusiera en el camino.

A veces recordaba a mi segundo Romeo, que habría sido la vida de aquel par de bandidos, ahora los recordaba, pero sin dolor, más creo por curiosidad, y encontré por *"casualidad"* la persona que me sacaría de ella, a pesar de que yo nunca les dije nada, él se enteró por otra fuente de todo lo que yo sabía, de su infidelidad con quien yo creía era mi amiga, en fin de todo, por eso me buscó tantas veces para pedirme perdón, como si fuera así de fácil, en esos tiempos yo estaba muy herida, y con mis desplantes delante de todos, le lastimó su orgullo y decidió darme la estocada final, casándose con ella, la cual había quedado embarazada antes del matrimonio, ella sí se había enamorado de él, de lo que le representaría una vez concluidos sus estudios, estabilidad cosa que ella desconocía, al menos la económica, era demasiado buen partido como para dejarlo escapar, pero una vez ya casados, empezó la fiesta, y que fiesta, esta se terminó convirtiendo en una agonía para ambos, más para él, que se dio cuenta de que nunca había tenido un sentimiento fuerte, que no fuera sexo con ella.

Tuvieron una niña, pero durante su embarazo, él salió con cuanta falda se le cruzó en su camino, tomaba y le decía que por su culpa me había perdido, ella la pasó muy mal en el momento que se supone nuestra pareja es nuestro apoyo incondicional, y por supuesto que no me alegré por ello, más bien me dio pena por la criatura, que estaba pagando un alto precio por los errores de sus padres, la bebe nació y ella al no sentirse amada, retomó el camino que tenía antes de conocerlo, los dos vivían juntos aparentemente, pero ambos llevaban vidas de solteros, y estaban pagando el precio de sus decisiones, y en todo este drama estaba la pequeña niña, que era la que sufría las consecuencias del desamor de su madre, él la quería, la amaba según él, pero no le prestaba la debida atención que a su corta edad cualquier niño necesita, a él realmente lo que ella hiciera le era indiferente, no la había abandonado por su hijita según decía, escuchar todo esto, muchos años atrás hubiera sido un bálsamo a mis heridas, pero en estos momentos ellas habían sanado completamente, solo quedaban cicatrices casi imperceptibles, ya el dolor se había esfumado, lentamente, pero se había ido, sin dejar rastro, y con él mi antigua personalidad, todo aquello había hecho que me convirtiese en la mujer que era en este momento, no había sido nada fácil, pero era otra persona de la cual me sentía muy orgullosa, y en la que no cabía el resentimiento, pues sabía que a la larga este sentimiento me corroería el alma y saldría muy lastimada.

Él no salía de su asombro al ver la forma en que me expresaba, si él mismo, mi antiguo exnovio, fue él precisamente, que me contó de primera mano, lo que ya sabía, pero sin tantos pormenores, todo esto sucedió una noche por casualidades de la vida, para que pudiera cerrar este ciclo finalmente, me pidió perdón, no sé cuántas veces, creo que lo necesitaba más que yo, para mí era irrelevante, pero no para su ego, me llegó a decir que la dejaba a ella y se casaba conmigo, pensé que sus neuronas habían dejado de funcionar, para no pensar que se había vuelto loco, después que lo escuché, le dije que el pasado era solo eso pasado, al cual había dejado atrás, para que nunca más me lastimara y él hacía parte de él, le deseé lo mejor con total honestidad de mi parte, y le recordé que tenía una hija por quien luchar y sentir que seguía vivo, vi como corrieron lágrimas por sus mejillas, y sin más que decir.

Salí de aquel lugar con una paz muy grande en mi corazón y, sin habérmelo propuesto el universo había conspirado para que finalmente cerrara ese doloroso, pero de tanto aprendizaje capítulo en mi vida.

Estaba viviendo una relación con alguien muy especial, no había prisa, por lo menos de mi parte, era todo un caballero, atento, gentil, de buenos sentimientos, conocía a su familia y él a la mía, me estaba permitiendo nuevamente abrirme al amor, y confiar, ahora tenía muy claro que la felicidad que yo buscaba no me la podían dar mis padres ni nada externo y que ser feliz solo dependía de mí, no podía echarle esa responsabilidad tan grande a nadie más, era algo muy personal.

Ahora me había hecho responsable de mis sentimientos y emociones, al no darle cabida por mucho tiempo al resentimiento, al odio, a la sed de venganza que me consumió en su debido momento, ellos simplemente se alejaron, entonces pudo entrar el perdón, el cual permitió que me liberara de todas aquellas afrentas, mis heridas sanaron milagrosamente como por arte de magia, entonces mi alma se liberó.

Soy consciente que cada día escribo un nuevo capítulo en mi vida, todavía tengo mucho por aprender, espero dar lo mejor de mí a todo aquel que tenga la fortuna de cruzarse en mi camino, ahora que entiendo que no existen las casualidades, y que todo tiene un plan divino.

Entonces entendí por qué... *Las santas no van al cielo.*

Mónica

Liberación

A mis cortos 22 años, estoy a punto de dejar mi cuerpo, y liberar mi alma, muy pronto ya no estaré en este mundo físico, al cual pensaba que pertenecía, qué ingenua aferrarme a un cuerpo y a una vida que no me pertenecían, era solo algo temporal y, el viaje estaba llegando a su fin.

A mi padre no lo conocí, pues apenas se enteró de que mi madre con tan solo 15 años había quedado embarazada la dejó, él también era muy joven y aquello era una verdadera complicación, en ese momento solo quería disfrutar la vida y no tenía la madurez para enfrentarse a tan grande responsabilidad, así que mi madre tomó la decisión de traerme al mundo, sus padres a pesar de su dolor y su rabia al principio decidieron apoyarla, con la condición que debería continuar con sus estudios, y así un día poderme dar un mejor futuro.

Pasó su gestación prácticamente encerrada, pues para mis abuelos sería muy duro escuchar las críticas y las habladurías de la gente, así que decidieron por las dos, ellos aún siendo muy avanzados en su forma de pensar para su época, esto era algo con lo que no contaban y los devastó en su momento.

Mi madre tenía un hermano mayor que ella, el cual estaba en la universidad para aquel momento, regresaría para las navidades y ellos tendrían las respuestas a sus innumerables preguntas.

Mi madre tuvo un buen embarazo, y al momento de yo nacer, fue asistida por una partera, muy cercana a ellos, y sin ningún contratiempo, los abuelos cuidaron de nosotras en toda su gestación y jamás hubo un reproche, empezaron a amarme aún antes de nacer, olvidando las circunstancias de la forma como había sido engendrada.

Nací de forma natural, y rebosante de salud, no era para menos pues habíamos sido muy bien cuidadas, decidieron registrarme con el consentimiento de mi madre como su hija, mi madre continuaría estudiando y en su debido momento, cuando tuviera edad para saberlo, me lo contarían, solo le pusieron una condición, cuando ella terminara sus estudios superiores y pudiera mantenerme, tendría que hacerse cargo completamente de mí. Mi infancia fue totalmente maravillosa, hasta donde mis recuerdos me permiten llegar.

Para los abuelos yo era su todo, pues me lo demostraban con sus acciones, con su entrega cuidando bien de mí, que no me faltara nada, el amor que me profesaban era incondicional, fui creciendo siendo muy querida, pero en el fondo sentía mucha soledad y tristeza, ellos me habían confesado toda la verdad de una manera que no me lastimara, y así fue al principio, pero a medida que iba creciendo, la ausencia de mi madre empezó a dolerme, ella se había ido a estudiar fuera de la ciudad, para continuar con sus estudios más avanzados, pero una vez que obtuvo su doctorado, y podía tenerme con ella, se olvidó de la promesa que le había hecho a sus padres, y ellos no querían obligarla, pues creían que de hacerlo yo sería la que sufriría las consecuencias, pues las veces que vino a casa, su trato hacia mí nunca fue de madre, era fría y distante, no quería encariñarse, ella a estas alturas tampoco quería complicarse la vida conmigo, solo le interesaba divertirse, y rehacer su vida, su papel como madre había terminado en el momento que yo nací, era consciente de que iba a estar en buenas manos, amada y muy protegida.

La veía muy poco a decir verdad y, las veces que vino a casa, era más por el ruego de sus padres que por voluntad propia, ellos la amaban igual que a mí, quizás a mí más por ver su comportamiento conmigo, sentían pena por mí, pues muy adentro sabían que su amor no era suficiente, siempre tenía excusas, al principio sus estudios y luego el trabajo todo ello era primero que nosotros, nunca escuché un reproche para ella de sus padres, la amaban tanto, y pienso que yo fui el mejor regalo que ella les pudo dar, su hermano había terminado sus estudios y ahora estaba casado, formando un hogar, más sin embargo lo vi más que a ella, siempre estuvo muy al pendiente de sus padres y de mí, era amoroso y tierno y nunca entendió la decisión de sus padres, aunque la respetaba de no haber hecho que mi madre se responsabilizara por sus decisiones y se hiciera cargo de mí completamente, en cierta ocasión lo escuché recriminándole a la abuela por ello, a medida que su familia crecía él también se alejó, su esposa e hijos eran ahora su prioridad.

Mi niñez fue realmente hermosa, no tengo ningún mal recuerdo, pero pronto vendría una etapa en donde necesitaba que alguien me pusiera el freno, *"la adolescencia"* más adelante hablaré de ello.

En cierta ocasión, creo que fue la única donde tuve un ligero acercamiento con mi madre, le pregunté por mi padre, y su respuesta fue que él había sido un mal momento en su vida, con eso me lo dijo todo, yo entonces era producto de aquel mal momento, me dolió el alma la forma tan cruda como me lo dijo, ese día creo la enterré, junto con los pocos recuerdos que tenía de ella.

Aun siendo muy amada por mis abuelos, la ausencia de mis padres por más que no quisiera, me producía nostalgia, sobre todo cuando veía a mis amigas, algunas con sus madres solamente, y a otras con ambos, en retrospectiva nunca lo supere como me hubiese gustado.

Físicamente era muy hermosa, alta, de grandes ojos color azul cielo, los cuales cambiaban de color de acuerdo a mi estado de ánimo, piel blanca, labios carnosos, mi pelo dorado como si el sol lo hubiese bronceado, tenía una mezcla de ambos, para otros yo era hermosa, pero yo no me veía así.

Era muy admirada por el sexo masculino, que andaban como moscas detrás de la miel, yo no quería hacer sufrir a mis abuelos, y me daba a respetar, pero como jovencita al fin, buscaba ser querida y aceptada, había muchos vacíos en mi vida, por eso me alegraba que tuviera a unos cuantos loquitos detrás de mí.

Era todo para mis abuelos y ellos también lo eran todo para mí, estaban al pendiente, cuidándome y protegiéndome quizás por miedo a que se repitiera la historia, pero una adolescente necesita alguien más en quien confiar y que te pueda entender, así que mis cosas se las comentaba a mis amigas que tenían vidas más liberales y me instigaban a hacer travesuras. Según ellas la virginidad ya no estaba de moda, como si eso fuera una moda, y no entendían cómo yo aún con 16 años lo era, había un chico que me gustaba, pero cuando pensaba en mi madre no quería repetir su historia, y todo lo que ello representaba para mí, pero lo que más me detenía era darles un disgusto a mis amados abuelos…se acercaba otro episodio que marcaría mi vida de mucho dolor y tristeza.

La abuela empezó a sentirse mal, realmente mal, ella no era mujer de quejarse, jamás la vi en ese plan, una mujer fuerte, saludable, que le hacía la vida feliz a todo aquel que la conocía, fue a hacerse ver con el médico que siempre la había atendido, era su amigo, tenían largas conversaciones quizás por la forma de ser de ella, y en un exhaustivo chequeo, le diagnosticaron cáncer el cual estaba muy avanzado, le dieron varias opciones, pero ella eligió después de conocer su estado, que el tiempo que le quedara lo viviría dando lo mejor a sus seres queridos, y en las manos del creador, aceptaría su voluntad.

Nos enteramos por el médico de su condición y también que no había nada que hacer, solo un milagro la salvaría, le quedaban unos cuantos meses de vida, la noticia fue devastadora para el abuelo y para mí, empecé a pelear con Dios cómo me hacía esto, cuando más la necesitaba, no entendía cómo alguien como ella estaba muriendo y no quería dar la batalla, en su rostro había un sentimiento de tristeza, pero también de resignación. Mandaron llamar a sus hijos para personalmente darles la noticia, los cuales al escuchar la voz del abuelo, percibieron que algo muy malo estaba sucediendo, pues él jamás los molestaba, la que más se comunicaba con ellos era la abuela, prontamente llegaron y se reunieron con el médico, el cual les dio la triste noticia, y les aconsejó que trataran de hacerla feliz el tiempo que le quedara de vida, mi madre estuvo 2 semanas, nunca la había visto tanto, pero ni lo que estaba sucediendo hablando su corazón, quería mantener la distancia y la abuela lo sentía, y era lo que más me hacía sufrir, era como si en vez de corazón, tuviera un pedazo de hielo, no sé cuántas cosas la abuela le habrá dicho, pues en varias ocasiones la vi llorando y acongojada, nada cambio entre las dos éramos menos que unas extrañas, realmente eso éramos, pasadas las 2 semanas se marchó.

A diferencia de ella que tenía tanto que agradecerle a su madre, su hermano, mi tío, arregló todas sus cosas y regresó para estar con su madre hasta el final, también sostuvieron largas pláticas y en ocasiones los escuché riendo, cuando ella todavía estaba consciente, la consentía, creo que nunca se dio cuenta del gran valor de su madre hasta ese momento, realmente sentía su dolor, no el físico, sino el que estaba sintiendo, por tener que dejarnos al abuelo y a mí, pues en definitiva él ya tenía su propia familia, y eso lo ayudaría con su pena.

El abuelo era un alma en pena, y apenas sí se despegaba de ella, solo cuando la dejaba con su hijo quería, imagino, que tuvieran sus últimos momentos íntimos a solas, la estaba pasando muy mal, no comía, apenas sí dormía, y aunque su hijo tratara de animarlo era casi imposible, decía que no quería ni podía vivir sin ella.

Yo por mi parte no sabía que hacer, era demasiado el dolor que nos embargaba a todos, cada uno asumiéndolo a su manera, no sabía cómo quitarle el dolor a la abuela que sufría más por mí y por el desamor de su hija que por el suyo propio.

No sé cuántas veces le dije lo mucho que la amaba, lo que significó en mi vida, todo su amor y dedicación, procuraba mantener la cordura y no llorar, lo hacía cuando no estaba a su lado, el dolor del abuelo también me partía el corazón, era todo lo que tenía en la vida, y la mitad se me estaba yendo, sabía en el fondo que su hija no se ocuparía de mí, en momentos tan cruciales de mi existencia, cuando apenas despertaba a la vida, me hizo prometerle que cuidaría del abuelo y que haría las cosas de manera diferente a como las había hecho su hija, que ella la amaba y le dio las gracias por haberme traído al mundo, yo había sido su luz y alegría, que también debía amarla por haberme dado la vida y vivir sin ningún tipo de resentimiento hacia ella, solo la escuchaba, mientras sollozaba, qué amor tan grande e incondicional para una hija que le había dado muchos momentos amargos, al menos así lo veía yo, le prometí todo lo que ella quería aunque muy a mí pesar, sabía que algunas de ellas serían muy difíciles, por no decir imposible.

Pasaban los días, y cada día se debilitaba más, aún con los cuidados que recibía pues eran paliativos, siempre le decía que la amaba, que era lo mejor que me había sucedido es que ellos hubiesen cuidado de mí, sin ser su hija, trataba de ser fuerte para el abuelo, pero a solas lloraba amargamente, no entendía por qué la vida era tan cruel, con alguien que solo me había dado amor.

Cada día se iba debilitando más y más, le hizo prometer al abuelo y a su amado hijo que cuidarían de mí, que yo los necesitaba, en su agonía me tenía muy presente, le dije que iba a estar bien y jamás la olvidaría, que un día estaríamos nuevamente juntas, pasaron los días ya había perdido la consciencia y se fue apagando como una vela poco a poco, pero yo internamente sabía que su luz iría a brillar en otro sitio.

No sabía si sentirme aliviada de que hubiera partido, pues al verla sufrir aún con tanto coraje, hacía que mi alma se desgarrara de dolor, pero en mi egoísmo prefería seguir viendo su cuerpo, aunque su alma ya hubiera partido. Su hija no apareció más, ni para despedir a su madre que tanto la amó.

Con la tristeza que me embargaba, continué estudiando, su hijo se había marchado un poco después de los funerales, así que nos quedamos solos con nuestro dolor y el vacío de su ausencia, él repetía que quería irse con ella, le pedía a Dios que se lo llevara, apenas sí comía, era como un ente, estaba ausente la mayor parte del tiempo, yo le decía que no me podía abandonar, creo que era lo único que lo hacía reaccionar la promesa que le hizo a la abuela que cuidaría de mí, pero ese estado de ánimo, donde trataba de dar lo mejor de él, duraba poco y luego caía en un abismo difícil para mí de sacarlo, quería morir y lo estaba consiguiendo, su hijo vino en varias oportunidades a verle y le trajo sus nietos aún pequeños y eso le alegraba el espíritu, pero luego que se iban todo volvía a ser como antes, era como si yo no existiera, y sé que no lo hacía de manera consciente, simplemente volvían sus recuerdos y su dolor, nunca superó la pérdida de su amada solo quería estar con ella y finalmente pasados 2 largos años vio su deseo cumplido, lo vi morir lentamente así que el día de su partida, ya no peleé con Dios, más bien le di las gracias pues ahora los dos estarían juntos, como tanto lo deseaba. Su hijo vino para el funeral y se despidió de mí, como si presintiera que no lo vería más.

Con 18 años recién cumplidos, estaba completamente sola, no sabía que hacer, ni por dónde empezar, había hecho promesas que sabía no llegaría a cumplir, la herencia fue repartida en 3 partes iguales, y mi educación y futuro estaban asegurados.

A estas alturas, sin nadie que me pusiera un freno, con la autoestima tan baja, al no sentirme querida como yo lo hubiese querido, ya no tenía motivos, razones para quedar bien con alguien, los seres que tanto amor y calor de hogar me habían proporcionado, ya no estaban para cuidarme y protegerme, me estaba enfrentando a una gran verdad, la cual dolía mucho, estaba completamente sola, en un mundo cambiante, y que iba demasiado rápido para mi corta edad.

Nunca hice nada que le causara dolor a mis abuelos, no quería lastimarlos, al menos estando vivos, otra cosa que también me detuvo fue no continuar los pasos de mi madre, pues llegué a pensar que para tanto desamor de su parte, era mejor que no me hubiera tenido.

Mis amigas y amigos me empezaron a invitar a salir, ya nada me lo impedía, y ahora era una presa fácil, pues la tristeza, el dolor y la falta de amor por mí misma se podían oler a kilómetros.

Entonces empecé por hacer lo que nunca había hecho, tomar licor para ahogar las penas, me divertía con la idea de olvidar, tomaba y ello me hacía sentir muy bien, me había metido con un grupo de chicos que vivían al día, y cada día era una experiencia más loca, yo por mi parte estaba viviendo como en un sueño, todo era muy alucinante, jamás hubiera pensado vivir la vida de esta manera, mi vida estaba totalmente descontrolada, sabía que me estaba yendo por un abismo, pero no le daba mucha mente a eso, la vida que estaba viviendo bien valía la pena, pensaba, solo quería huir, para no enfrentarme a la realidad, al fin de cuentas, no tenía nadie en quien confiar y que me amara de verdad, del alcohol pasé a las drogas, para con los que andaba era normal, lo llevaban haciendo algunos desde los 12, 13, así que yo había empezado demasiado vieja según ellos, entonces era yo la que me lo estaba perdiendo, tuve mi primera relación borracha, no era consciente de lo que le sucedía a mi cuerpo, tampoco me interesaba mucho, al ser tan atractiva se peleaban por mí digo, por mi cuerpo, eran como carroñas que solo querían devorar a su presa, nada más, uno y otro, perdí la cuenta, solo me interesaba experimentar lo que mis amigas venían haciendo por mucho tiempo, y recordaba como me decían que era una mojigata, ahora estaba al nivel de ellas.

Un día que tenía algo de lucidez, me dio por llamar a mi madre, deseando en lo más profundo de mi ser, que viniera y me rescatara de aquella agonía que mi alma sentía, de no saber que pasaría con mi vida de continuar por ese camino tan oscuro, le conté casi todo por lo que estaba pasando, mis noches de angustia, de soledad, de querer morir, de autocastigarme sin saber por qué, de tanto desenfreno, de no tener razones para continuar en un mundo que no te da tregua, era mi última oportunidad para cerrar aquel capítulo con mi madre, de no entender por qué no significaba nada para ella, y queriendo escuchar lo mejor, lo que escucharon mis oídos me dejó peor que antes, su respuesta fue, siento mucho todo lo que estás pasando, pero en estos momentos no puedo hacerme cargo de ti, no tengo tiempo, le colgué mientras reflexionaba, pero cuándo, si nunca lo tuviste, jamás signifiqué nada en tu vida, aunque albergaba la esperanza de que ella tuviera una reacción diferente, en el fondo lo presentía, pero quería escuchárselo decir, para cerrar ese capítulo en mi vida, y así fue como, ese día sencillamente la enterré en mis más profundos y oscuros recuerdos donde no pudieran lastimarme jamás.

Pasaban los años y mi vida iba de mal en peor, no hay peor enemigo que tus propios pensamientos cuando los pones al servicio del ego, la vida continuaba arrastrándome por un callejón sin salida, por el cual yo me dejaba llevar sin ningún remordimiento, ni prejuicio, todos a mi alrededor vivíamos nuestras experiencias y nunca se medían las consecuencias, me tocó presenciar como un chico de apenas 16 años, se suicidó, como algunos hacían cócteles de droga para sentirse en otro nivel de placer momentáneo, vi algunos morir por sobredosis, cuando caes en ese mundo de tanta oscuridad todo puede suceder en un segundo, no tenía una relación sería con nadie, ni siquiera conmigo misma, había pasado por muchas noches oscuras donde pensaba que ese era el final, le había dado a mi cuerpo todo lo que me había pedido, y en algún momento me pasaría factura por todo ese desmadre, pero era lo que menos me importaba, viviría disfrutando hasta que llegara el final, cuando era consciente, siempre me cuidé, por no quedar embarazada no quería tener hijos y menos en esas condiciones, creo que la suerte en ese sentido estuvo de mi lado, o simplemente no estaba destinada a tener hijos, fue lo mejor, en medio de todo este infierno que representan las drogas, dejas de ser tú para convertirte en un títere de ellas, quienes son las que llevan ahora las riendas de tu vida.

En todos estos años que eran tan pocos, pero parecían una eternidad, tuve una agradable sorpresa al reencontrarme con un chico de la escuela, que siempre había gustado de mí, era ajeno al mundo en el que estaba yo metida, un ser noble y de grandes sentimientos, que quería lo mejor para mí, pero yo no estaba en condiciones de ofrecerle nada de lo que él quería, pensaba que era muy santurrón para una chica tan experimentada como yo.

No quería mi cuerpo de la manera que yo estaba acostumbrada a entregarme, solo quería que me sintiera protegida y amada, darme su amor y que yo llegara a amarlo, lo otro vendría después, no tenía prisa, quería que saliera de ese mundo, al cual él no pertenecía y sentía mucha compasión por mí, por las decisiones que había tomado, pero quería ayudarme si yo se lo permitía, sabía que era muy difícil a lo que se enfrentaría, pero estaba dispuesto a jugársela, así de grande era su amor, el pasado quedaría atrás, y empezaríamos una nueva vida, había sido su amor platónico por muchos años en la escuela, pero en esta otra etapa de mi vida había llegado un poco tarde, y no quise reconocer que había alguien que me quería como yo era, con todo y mis errores, que anhelaba que mi alma saliera de la prisión donde la tenía, al no tener amor propio, no entendí, ni pude darme cuenta de la profundidad de su alma.

Desde ese momento, él se convirtió en una especie de ángel guardián, yo sin embargo continué con lo que yo bien conocía drogas, pastillas, todo lo que pasara por mis manos era bienvenido, el cuerpo se había acostumbrado a ese tipo placer momentáneo y cada vez demandaba más, mis miedos e inseguridades y la poca valía que tenía respecto a mí era la receta perfecta, para olvidarme de la realidad que envolvía mi existencia.

Siguió pasando el tiempo y mi cuerpo empezó a sentir los rigores de los abusos y aún siendo muy joven se empezó a quebrar mucho más de lo que ya estaba, poco a poco estaba perdiéndole la batalla a la vida, nunca pude verme como una ganadora, toda la basura que llevaba por años recolectando en mi interior, no permitían que viera la chispa de luz que también anidaba en mí.

Empecé a sentirme terriblemente mal y mi ángel de la guarda de carne y hueso apareció, para llevarme al hospital, no había buenas noticias, había contraído una enfermedad infecciosa, mediante una jeringa, pero el placer que sentí, la euforia y todas aquellas sensaciones placenteras, bien valieron la pena en su momento, había disfrutado de un *speedballing* se le conoce como *"bola rápida"* habíamos mezclado heroína con cocaína y crack.

Creo que había pasado la mitad del tiempo tratando de suicidarme y así poder escapar, pero nunca tuve el valor de hacerlo, por el contrario lo había hecho lento y doloroso, nunca quise apegarme a nadie, no quería que nadie pasara por el dolor y el vacío de la pérdida, por lo que yo había pasado, no quería que nadie sufriera por mí, a estas alturas no sabía si era muy valiente o terriblemente egoísta, daba igual.

Aquella noticia, la estuve esperando, era solo cuestión de tiempo, ya la tenía, ahora era real y qué ironía, le tenía miedo a casi todo, pero no a morir, la muerte la había visto varias veces, algunas en mí y otras en personas muy cercanas muy queridas, como también en el grupo con que andaba se había llevado a unos cuantos sin previo aviso, al menos conmigo estaba siendo generosa me lo estaba participando, sin fecha de caducidad, pero era mejor que nada, así que puse mi mejor semblante, recordando a la abuela y a sus dolores no buscados como los míos, pero que más daba ambos eran dolores el de ella del cuerpo, los míos del alma y del cuerpo.

Le hice prometer que no diría nada a nadie de mi situación, pues de enterarse mis compañeros de juergas, de vida, no querrían saber más de mí, en el fondo los veía como mi familia, disfuncional pero familia al fin. Él me prometió no solo eso, sino que estaría al pendiente de mí hasta el final, el tiempo seguía su curso y yo seguía con mi vida, pero al no cuidarme y seguir un tratamiento, mi aspecto era cada día peor, y los síntomas se hicieron visibles, ya era casi imposible esconder lo que mi cuerpo a gritos estaba expresando, lo que yo temía sucedió una vez que el grupo se enteró, me cerraron las puertas de sus vidas, yo era dizque una amenaza para ellos, en eso me convertí y tenían miedo de contagiarse, pero el único que estaba ahí apoyándome era ese ser maravilloso e incondicional que Dios por alguna razón, había puesto en mi camino y me llevó a su casa cuando todos me habían abandonado, pasaba la mayor parte del tiempo en el hospital donde era muy bien atendida, pero mi cuerpo estaba sufriendo doblemente, la abstinencia y los efectos colaterales de mi enfermedad, estaba ahora si pasando momentos muy oscuros, muy difíciles, estaba enfrentando el dolor del alma, el del cuerpo quizás menos por todo lo que me ponían para sobrellevar el dolor, ahora podía escucharla diciéndome ya basta, es suficiente, debes reconciliarte con la vida y con todo lo que quisiste experimentar, debes perdonar y perdonarte para que puedas irte en paz, sabía que la parte del perdón iba a ser muy difícil.

Esa voz se hacía cada vez más fuerte creo que era lo único fuerte que había en mí, tu cuerpo ha sido un vehículo que has usado inapropiadamente, pero transporta lo más valioso que tiene todo ser humano, el alma. Fue tu entera decisión el uso que le diste, como también es tu responsabilidad asumir las consecuencias de tus acciones, y el perdón volvía y me lo repetía es ahora tu mejor decisión, a veces no sabía si lo escuchaba, o lo soñaba, daba igual el mensaje, era siempre el mismo.

Compartía tanto como podía con mi ángel en la tierra, él era consciente que yo necesitaba *"liberarme"*, su amor era tan sincero, pues yo jamás tuve sexo con él, cómo podía existir alguien así, que te quisiera de gratis, sin esperar nada a cambio, siempre que lo veía su cara resplandecía, el cuarto se iluminaba con su presencia, en todo lo que hacía se veía su amor genuino hacia mí, como no pude darme cuenta de ello, era muy tarde para lamentarme de mi destino, del cual yo era la autora. Mi cuerpo se resistía a abandonar este mundo, cuanto tiempo más duraría, esta agonía se había convertido en una tortura.

Una tarde sin que yo lo supiera, llegó con mi madre, me había hecho un juramento y lo había roto, porque me estaba haciendo esto, era la última persona que yo quería ver antes de irme de este mundo, pero ya no tenía fuerzas para discutir, pelear, ni odiarla, en ese instante recordé la promesa que le había hecho a la abuela y sus palabras fueron debes amarla y agradecerle el haberte dado la vida, si lograba perdonar a su hija ella estaría feliz donde quiera que se encontrase, después del asombro al verla, sentí alegría y creo que ambos lo notaron, la enfermera que estaba en ese momento salió del cuarto y solo quedamos los tres, había un silencio sepulcral que ella rompió, cuando recuperó la compostura al ver en el estado en que me encontraba y sus palabras no terminaban por salir, hasta que finalmente y con lágrimas en sus ojos que yo sentía eran sinceras, me pidió perdón por todo el amor que me había negado, por su ausencia, por no venir y sacarme de ese mundo cuando la llamé, el remordimiento y la culpa eran muy grandes y yo lo sentía en mi corazón, hizo una catarsis conmigo, la sentía sincera ya no habían caretas entre las dos, me abrazó y en ese abrazo prolongado, pude sentir todos los que había anhelado de ella, lloré de emoción, al igual que ella, la vida se me estaba escapando, al tiempo no se le podía dar marcha atrás, había llegado el momento de perdonar a mi madre y perdonarme yo, y así lo hice, que hermoso era algo tan simple, pero que por nuestro orgullo y soberbia, muchas veces no hacemos a tiempo, cuando todavía se puede, para liberarnos de cualquier sentimiento que nos robe la paz, después de ese abrazo las palabras estaban de más, me sentía libre, me sentía limpia, ligera de cargas, en el momento que llegara mi hora, mi amada alma podría continuar su camino, estaba en un estado de placer real, sentía gratitud por la vida, por todas las personas que me habían amado, por mi padre biológico pues gracias a él también había nacido, por las personas que habían cuidado de mí en el hospital, por este ser tan especial que Dios había puesto en mi camino y, que ahora entendía el para qué.

Sabía que mi cuerpo había resistido, por una razón muy grande, liberar a mi alma de la esclavitud a la cual la sometí, ahora era libre para volver a su lugar de origen. Hasta ese momento siempre me había sentido indigna, pensando donde iría, ahora sabía que iba a estar en un buen lugar.

Había tenido que pasar por tantas cosas, para llegar a esta cruda realidad, que la vida era sola prestada, que no me llevaría nada, que todos estamos de paso y solo nos llevaremos nuestras buenas acciones y el amor incondicional que dimos y, que aún en el último momento el perdón no tiene precio. Me liberé y liberé a mi madre y entendí por qué… *Las santas no van al cielo.*

Emma

Renaciendo a una nueva vida

Mi hija acaba de morir, sí, soy la mamá de Mónica, aquella hija que abandoné prácticamente cuando le di la vida, pues los cuidados y el amor se lo brindaron mis amados padres, a los cuales nunca supe agradecerles todo lo que habían hecho no solo por mí, sino también por mi hija, ahora esos seres que tanto me habían amado ya no pertenecían a este mundo.

Yo aún siendo muy joven, tenía materialmente todo lo que me había propuesto, lo cual me permitía llevar una vida muy cómoda, sin compromisos más que conmigo misma, había sido muy egoísta, y por más que trataba de ser feliz o estar en paz la culpa me perseguía, a pesar que de ser exitosa, nunca enseñaba mi verdadera cara, la mayor parte del tiempo usaba la careta que más se ajustara a la situación.

Había tenido relaciones, pero jamás entregaba mi corazón, más bien lo hacía por no sentirme sola y por compartir con otras parejas, aunque profundamente añoraba tener una relación estable, y sentirme querida, tenía que pasar por la muerte de mi hija para poder trabajar en la culpa que me agobiaba, y poder perdonarme, no sería fácil, pero ya mi hija, me había abierto el camino a lo que vendría después.

Le había contado a mi hija en sus últimos momentos, algo que me liberó, y que ella aunque tardíamente debía conocer, le dije la verdad acerca de su padre biológico, que una vez terminado sus estudios, me había buscado queriendo saber del bebé, pues deseaba enmendar el error y aunque fuera tarde poder tener contacto y ganarse su cariño, él sabía que yo estaba sola y no me había casado ni tenía hijos, mi respuesta fue que la bebé había muerto al nacer por complicaciones, él no lo podía creer y creo que nunca lo creyó, pero aceptó mi respuesta, en el fondo eso era lo que había pasado al desatenderme por completo de esa bebé, él por su parte, tampoco tenía hijos, y a pesar de ser tan joven cuando había sucedido todo esto, jamás se olvidó de mí ni de este ser que llevaba en mi vientre, quería recuperar el tiempo como si esto fuera así de sencillo, era como si esta confesión la hubiera estado esperando toda su corta vida, la privé de ello, y su vida hubiera sido otra si al menos hubiera podido contar con el apoyo de su desconocido padre que nunca la borro de su mente, y su recuerdo y remordimiento no lo dejaba vivir en paz, en el momento que le narraba todo esto a mi hija, sentí pena por él, por mí y por ella, más en el rostro agonizante de mi hija una débil sonrisa se dibujó y suavemente apretó mi mano, para continuar su viaje. Mi hija ya no estaba, se había ido, pero me había dado una gran lección.

Estaba profundamente conmovida, dolida, con muchas emociones y sentimientos revueltos y por supuesto, sintiéndome por primera vez como un ser muy malo, los remordimientos y la culpa no me dejaban muy a mi pesar, pero de una cosa sí estaba segura, deseaba con todo mi corazón transformarme de tanta frivolidad y de no encontrarle sentido a mi vida, las cartas estaban echadas ya no había marcha atrás.

Regresé a mi hogar, no sin antes agradecerle a este chico que la vida había puesto en el camino de mi hija para que volara en paz, nunca tendría cómo agradecerle todo lo que había hecho, también de él recibía una gran lección, su bondad y entrega sin esperar nada es lo que llaman *"amor incondicional"* del cual yo no sabía nada y tenía mucho que aprender.

Mi vida ya no era la misma, mucho antes de la muerte de mi hija algo dentro de mí se había roto, pero no sabía por dónde empezar, ahora había tocado fondo y mi alma estaba profundamente lastimada, pero algo tenía claro, quería cambiar, como la culpa era lo que alimentaba mi vida, día tras día, entonces se me estaba haciendo muy difícil, pues la mente tenía total control sobre mí, era su presa y no me iba a soltar tan fácil, así que empezaba la batalla entre mi mente y mi alma, de la cual yo aún no era consciente.

Diariamente me recriminaba por todo lo que no había hecho por ella y por mis padres, y cuando pensaba que estaba mejor caía en profundas depresiones, estaba agotada tomando cuanta pastilla se me cruzaba en mi camino para poder descansar en las noches, y no enfrentarme con el dolor del alma, era demasiado y no sabía cómo lidiar con ello, era como si en el fondo yo también quería que mi final llegara, una noche tomé tantas pastillas que me llevaron al borde de la muerte, este episodio me hizo reflexionar, profundamente le pedí al creador ayuda pues yo sola no podía y si me había dado una segunda oportunidad que valiera la pena y para que, estaba dispuesta a cambiar, quería hacer las cosas diferentes, encontrarle un sentido a mi vida de una vez por todas, sabía que tenía que trabajar la culpa, pero todo dependía de mí y del empeño que pusiera para mi sanación.

Busqué ayuda, pues sabía que sola no podía entender el por qué mi vida se había ido a pique, así que me puse en la tarea de buscar cuanta ayuda fuera necesaria para mi sanación, me fui con terapeutas, me leí cuanto libro de autoayuda pasó por mis manos, busqué en la espiritualidad, maestros en fin todo lo que me llevara a sanar mi culpa, y todo apuntaba a una misma dirección, el perdón.

Mi hija en su lecho de muerte me lo había dado, pero yo no me había perdonado y era así de sencillo aparentemente, una vez que entendí lo poderoso y mágico que resultaba el perdonar, empecé con el padre de mi hija, y terminé conmigo, perdonándome completamente por toda acción que hubiera cometido consciente o inconscientemente daba igual, me perdonaba por mis acciones, sabía que Dios en su infinita misericordia no juzga a nadie, así que quien era yo para juzgarme tan duramente, con todas estas reflexiones y mucho trabajo interno, me rendí, solté todas mis cargas y mi alma finalmente sano, que liberación tan grande, había valido la pena el proceso tan largo y doloroso por el que había sometido a mi alma.

En el momento que entendí que el pasado no podía cambiarlo, solo sacar lo mejor que con sus lecciones me hubiera enseñado y esa era mi pequeña hija, en ese instante mi vida se transformó, al reconocer que de ahora en adelante yo sería la única responsable por todas aquellas experiencias que quisiera vivir, todo ello aunado ayudó a mi liberación, no había a quien echarle la culpa de la toma de mis decisiones, ahora era consciente de ello y me haría responsable cada día de la toma de decisiones pues ahora sabía que a la larga traían sus respectivas consecuencias.

Por lo tanto, esta experiencia que me había marcado, dejando sus respectivas cicatrices deberían servir para un propósito mayor, el de mi alma. Ya no me sentía sola, buscaría ser útil dando lo mejor de mí, a todos aquellos que me necesitasen, e internamente sabía que tendría ayuda.

Me enfoqué en ayudar a niñas con edades menores a la mía cuando yo quedé embarazada, la gran mayoría como me había sucedido a mí en su momento no sabían que hacer, y muchas no tenían la suerte que tuve yo con mis amados padres, de echarse esa responsabilidad que no era la suya, así que me puse en sus zapatos, y reviví mi experiencia, pero esta vez en paz, y desde ese punto de vista se me hizo más fácil entenderlas, al ser tan niñas los riesgos médicos son mayores, roturas prematuras de membranas, partos prematuros, desnutrición, y mayor muerte perinatal.

Realmente no son conscientes de todo lo que les espera, y como su vida aún tomando la decisión aparentemente más fácil, la de abortar, las va a marcar para el resto de sus vidas, en todos los niveles, tanto en el físico como en el emocional, sabía por mi propia experiencia que cualquier camino que elijas a tan temprana edad no tiene reversa y tienes que hacerte responsable de ello, seas consciente o no, y asumir todas las consecuencias.

Algunas eran botadas de sus casas apenas al saber de su estado, otras habían sido violadas en muchos casos por padrastros o gente cercana a ellas, en la mayoría había varios factores en común, pobreza e ignorancia, y en esas condiciones había mucho que sanar, pero en otros casos como el mío simplemente querer vivir y experimentar la vida sin medir las consecuencias.

Eran niñas jugando un papel que a su corta edad, no les iba a ser nada fácil, el de ser madre, y aunque su cuerpo se los permitiera, no tenían la madurez mental para asimilarlo, iba a ser muy complicado hacérselos entender, pero aun a costa de lo que pudieran pensar, les hablaría de mi propia experiencia para que pudieran abrirse y confiar en mí.

Así que me di a la tarea de prepararme muy bien, para poder estar a la altura de ellas, era un gran reto, pero sabía que con la ayuda del creador todo lo imposible se volvería posible, en lo más profundo de mi alma sabía que ese era mi propósito de vida, tendría que enfrentarme a muchas batallas, pero no me rendiría, ayudarlas a vivir una vida mejor dándoles todo mi apoyo y los recursos que estuvieran a mi alcance era algo no negociable.

Y así fue como aún enfrentándome a mis miedos y dudas de no poder hacerlo, lo hemos logrado, creé una fundación en homenaje a mi hija, su padre se enteró por todo lo que ella había pasado y quiso unirse a nosotros, llevamos 15 largos años ayudando en su mayoría a niñas de muy bajos recursos, a continuar con sus vidas, a muchas las rescatamos de la calle, otras simplemente vienen en busca de ayuda, consuelo, alguien que las escuche, las entienda, les dé un poco de amor, pues la mayoría llega con mucho arrepentimiento, y mucha culpa, ahora deben enfrentarse a un mundo que parece muy cruel e inhóspito, y algunas piensan en el suicidio como una manera de escapar pues se sienten atrapadas, las empezamos a ayudar espiritualmente, psicológicamente y en la parte material, hasta que ellas están en condiciones de hacerse cargo de sus vidas y poder volar, pasa un buen tiempo, pero muy satisfactorio, algunas se quedan con sus bebés, otras los dan en adopción, pero siempre son ellas las que deciden, no queremos forzarlas a tomar decisiones que a la larga sabemos no las va a beneficiar ni a ellas, ni a sus bebés, tienen todo nuestro apoyo y nuestra comprensión, queremos lo mejor para estos seres, en mi caso en particular, pues me identifico con ellas, embarazos no planificados, siendo apenas una niña que no sabe lo que quiere de la vida. En nuestro caso no juzgamos la manera como cayeron en esta situación. Bien decía Jesús: *"El que esté libre de pecado que tire la primera piedra"*.

Ha sido una larga, dura, pero muy enriquecedora labor social la que hemos podido llevar adelante, con la ayuda de muchos ángeles que se fueron uniendo a la fundación, ha sido muy sanador para mí, poder servir a otros menos afortunados, ahora creo fervientemente que la vida no te da nada que no puedas soportar, de una u otra manera te pone a vivir experiencias que tú has escogido seas consciente o no de ello, para darle un vuelco a tu vida, para que seas útil y te desprendas de tu ego. Sabiendo que de esta forma te estás sirviendo a ti misma, al no haber interés alguno más que el amor incondicional que les profesas.

He adoptado dos gemelas y un varoncito, tengo los recursos, la experiencia y mucho amor que ofrecerles, no pienso negarles su procedencia, si un día quieren saberla, tengo una excelente relación con sus madres que decidieron continuar con sus vidas, yo soy la menos indicada para juzgarlas, simplemente me pongo en sus zapatos.

Mis niños me hacen sentir viva, por quien luchar, y poder darles un futuro mejor, veo los ojos de Dios en cada uno de ellos, y mi espíritu se regocija.

El amor llegará a mi vida, no le he cerrado la puerta, pero ahora de una manera consciente, cada día elijo amarme y ser feliz, estoy bien, estoy en paz, sané mis heridas, me reconcilié con la vida y conmigo misma, ahora entiendo por qué... *Las santas no van al cielo.*

Alexa

Retomando el camino

Haciendo un alto en mi camino, me sentía confundida, tenía que tomar una decisión, pero habían muchos sentimientos encontrados, la vida me estaba poniendo en una encrucijada, había llegado el momento de ser muy sincera y por primera vez confrontarme a mí misma. Hacía tiempo que algunas preguntas merodeaban por mi cabeza y no me dejaban tranquila, pero por qué ahora me preguntaba si lo tenía todo.

Estas preguntas eran:

1) ¿Realmente soy feliz con la vida que yo misma elegí?
2) ¿Voy a seguir haciendo lo que los demás quieren, para sentirme amada y aceptada?
3) ¿Por qué siento tanta insatisfacción con todo lo que he hecho hasta ahora?
4) ¿Dios existe y si es así, en dónde está?
5) ¿De dónde vengo y a donde iré un día cuando deje mi cuerpo físico?

En verdad tenía mucho miedo de las respuestas, pues en el fondo sabía que ellas me llevarían a darle un rumbo diferente a la vida que había llevado hasta entonces, y no sabía si estaba preparada para ello, con todo y mis títulos académicos.

Preguntas muy profundas para alguien que lo tenía materialmente todo, pero de espiritualidad muy poco, a decir verdad no me interesaba ahondar en ese tipo de cuestionamientos que a mi parecer, no me llevarían a nada, y me dejarían más confundida, entonces para que nadar en aguas desconocidas para mí, había dos opciones o me ahogaba o aprendía a nadar y salir a flote. Siempre fui una mujer de retos, pero este se estaba convirtiendo en el más grande y no era nada externo con lo que pudiera lidiar, era algo mucho más profundo, esa era la razón, ahí estaba la clave, y por más que me lo planteaba no se me estaba haciendo nada fácil llegar al meollo de lo que sabía era el producto, de mi insatisfacción.

En el círculo en que me desenvolvía esto no era común, mis ojos veían mujeres y hombres felices, parejas felices, o al menos esto era lo que yo percibía, en mi medio todos eran *"felices"* o al menos eso es lo que aparentaban, para mí esto lo veo bien, son sus vidas y cada uno vive de acuerdo a como mejor le parezca, total son personas buenas y no le hacen daño a nadie, y para vivir con este torbellino de pensamientos que no me dejaban tranquila, es mejor esto que lo que me estaba sucediendo, pensaba yo. Con todo lo que estaba sintiendo estaba tocando fondo existencial, pero aún no era muy consciente de ello.

Debo señalar que nací siendo muy privilegiada, por unos padres que pudieron darme todo lo que tenían a su alcance para que saliera y me comiera el mundo, por lo menos las herramientas que te dan la educación y reconozco que fue la mejor, no desperdicié el tiempo y me preparé mentalmente para enfrentarme a todos los retos que se pusieran en mi camino, quizás por esto mis padres nunca me presionaron, conocían mi personalidad y entendían que por lo competitiva que era conmigo misma, tendría un futuro brillante, donde no había cabida para la mediocridad, ellos confiaban ciegamente en mí y en mis capacidades, todo lo que me proponía, lo hacía aunque ello supusiera pasar por momentos difíciles, pero no imposibles para mi espíritu guerrero, quería ganarle a la vida, ¡sí!, ¡ganarle a la vida!, para mí era suficiente, qué ingenua, ahora que lo veo en retrospectiva.

Pero no solo yo, también mis hermanos, todos aprovechamos los recursos económicos de nuestros padres, aunque creo que, siempre supieron que yo era la que más satisfacciones les daría, pero no por ello me trataban diferente, a todos nos amaban profundamente, ellos no habían tenido una vida tan fácil como la nuestra, pero nunca los escuché quejarse por ello, estaban agradecidos por todo lo que habían conseguido y hasta donde habían llegado, pues a diferencia de nosotros y con la mitad de nuestra educación, se habían educado mayormente en la escuela de la vida, la cual les había enseñado a valorar, y agradecer cada cosa material que tenían y no por ello se consideraban mejores que nadie, su trabajo, perseverancia, disciplina y el ver el lado más oscuro siempre como una oportunidad les permitió no ahogarse y salir a flote, siempre con una lección aprendida y sin renegar, pero bien es cierto que en muchas ocasiones estuvieron realmente a punto de tirar la toalla, pero según ellos, esta no era una opción, pues verían un nuevo amanecer y con ello sus regalos y desafíos, muy simple su filosofía, pero les había funcionado pensaba yo.

Hoy en día eran inmensamente ricos, no les faltaba nada que yo supiera o intuyera, era bien sabido que ellos no eran personas religiosas, pero su espiritualidad venía del alma, su compromiso era ayudar a la humanidad, y cualquier causa para ayudar a los más necesitados era de suma importancia en sus vidas, después de sus hijos esa era su misión de vida, nos decían que debían devolverle a la vida lo mucho que ellos habían recibido de ella, creo que eso los mantenía unidos, aparte del gran amor que se profesaban, del cual nosotros éramos sus fieles testigos, fuimos creciendo recibiendo este mensaje y aunque no lo dieron todo, jamás no la pusieron fácil, querían por sobre todas las cosas que fuéramos personas de bien, y lo consiguieron hasta donde terminaron sus obligaciones y deberes, lo que estaba ocurriendo en mi interior no tenía nada que ver con ellos, ni con nadie era mi viaje interno, quisiera pensar que a todos les llega en algún momento de su existencia no solo a mí, para sentirme mejor y menos abrumada.

Haciendo comparaciones con la vida que habían llevado mis padres, la mía había sido prácticamente un lecho de rosas, lo que tenía también me lo había ganado de otra manera es verdad, pero ganado al fin con mi esfuerzo y tesón.

Estaba casada con el hombre de mis sueños, exitoso como yo, teníamos todas las cosas materiales a nuestro alcance que cualquier pareja joven quiere disfrutar, para ser feliz supuestamente, él era religioso más no practicante, y eso creo que más bien fue por complacer a sus padres hasta que fue adulto, un hombre de grandes principios y fuertes valores, eso sí, y toda esa mezcla de su vida y la mía nos hacía ser la pareja perfecta, viajábamos siempre juntos, procurábamos no separarnos, compartíamos todo lo que acontecía en nuestro diario vivir, teníamos amistades que tenían nuestro mismo nivel de vida y casi siempre compartíamos con ellas, los hombres hablaban de política, de juego, menos de trabajo al menos en momentos de diversión, las mujeres hablábamos de vestidos, zapatos, la última moda, cuál sería el próximo viaje que realizaríamos todos juntos, tampoco de trabajo esa era la excepción de la regla, nos divertíamos, la pasábamos bien, en cualquier lugar del mundo donde estuviéramos, no nos entrometíamos en la vida de nadie, ni en la diversión de algunos a veces un poco desmedida, cada quien era responsable de lo que hiciera, y nosotros no íbamos a ser sus jueces, así que con esta consigna todo siempre marchaba sobre ruedas. Y así fueron pasando los años, ¡me sentía feliz y realizada!

En medio de toda esta completitud y felicidad, porque me sentía tan vacía si lo tenía aparentemente todo, que estaba pasando conmigo, agradecía todo lo que tenía, al igual que mis padres, entonces cuál era el motivo de mi profunda insatisfacción.

Vivía en una burbuja donde todo estaba aparentemente bien, para que complicarme la existencia pensaba y entre más le daba vueltas al asunto en mi cabeza más miedo tenía a lo desconocido, pero habían dos voces en mi mente que no me dejaban tranquila, una me alentaba a seguir con la vida que llevaba, me hacía ver todo lo material que tenía y con lo cual había sido feliz, todo lo que había tenido que dejar en el camino para lograr mis metas, el maravilloso esposo que me daba todo su amor, pero esta voz me hablaba de lo externo, en tanto que la segunda, más suave, quizás más débil a mi parecer, no era tan parlanchina como la primera, me repetía una y otra vez, las respuestas están en tu interior, nada que venga de lo externo, te podrá responder, llegué a tener conversaciones con esta voz, o más bien monólogos, estaba en esa dualidad, a cual seguir. Sabía que de escuchar a mi voz interna, mi vida jamás volvería a ser la misma.

Al no tener hijos pensé que esa era la raíz de todo lo que me estaba sucediendo a un nivel inconsciente, quería que esa fuera la respuesta, así que tendría al menos un hijo y el problema estaría resuelto, pero al mirar a los lados me daba cuenta de que tenía amigas con hijos y esposo que tampoco eran felices, sus vidas eran tan superfluas como la mía, al compararme con ellas sabía que un hijo no iba a resolver el problema, pero si en mi caso, sucediera lo contrario, no tenía nada que perder, al menos la segunda voz me dejaría en paz, y eso era suficiente, pues al estar ocupada con un hijo, y un esposo, aparte de todas mis responsabilidades, mis preguntas pasarían a un segundo, tercero o qué sé yo a que plano, así que esto se estaba convirtiendo en una buena opción, pero como le iba a explicar a mi esposo, con el cual habíamos decidido no tener hijos pues esto implicaba mucha responsabilidad y sabíamos que demandaban mucho, y no estábamos preparados para asumir ese rol, como le explicaría a mi esposo que con la llegada de un hijo, toda mi confusión mental, e insatisfacción se terminarían, para mí, esta alternativa se estaba convirtiendo en la mejor, sabía del amor tan grande que me profesaba y estaría de acuerdo para verme feliz, teníamos todo lo material para tenerlo, ese nunca fue un problema, habíamos decidido de mutuo acuerdo no tener hijos, teníamos sobrinos, los amábamos, pero no eran nuestra responsabilidad, queríamos disfrutar la vida juntos donde no existieran terceros y ahora después de 12 años de casados, si le decía lo que quería, simplemente estaba cambiando las reglas del juego, unas reglas que habíamos puesto los dos.

Reflexionaba pensando en mis padres, si ellos hubieran pensado igual que nosotros, yo no estaría viviendo en este mundo físico, pero en fin me decía esa había sido vuestra decisión, yo había tomado otras en su respectivo momento, que hasta ahora me habían hecho muy feliz, y no me cuestionaba absolutamente nada.

Quería esperar un poco antes de decirle a mi esposo que quería tener un hijo, pues si se lo decía sin estar completamente convencida de ello, pensaría que me había vuelto loca, y no era para menos, siempre todo lo que me había propuesto lo había conseguido, él estaba muy orgulloso de mí, y ahora con un porvenir brillante como el que tenía, como iba a entender todo lo que me estaba sucediendo internamente.

Paso el tiempo, y llegué a la conclusión, que ni un hijo, ni dos ni una docena, serían la solución, reconocía que había sido muy egoísta al pensar de esa manera y me alegraba de no haber metido a mi esposo a tomar decisiones solo por complacerme y hacerme feliz, y segundo traer un bebé al mundo que si bien es cierto, le daría mucho amor, no eran por los motivos correctos por los que lo traería al mundo. Así que la inconformidad era mía y yo tenía que asumir mi responsabilidad, era mi búsqueda, era muy personal.

Empecé leyendo autores con historias fascinantes, muy profundas y enriquecedoras, el uno me llevaba al otro, todas sus historias me maravillaban, pues eran muy sencillas, pero todas tenían un denominador común, y nadie se las podía resolver, eran en su gran mayoría las mismas preguntas que yo me hacía, esto era solo la punta del iceberg, no estaba sola en esto, había cientos que se hacían las mismas preguntas, pero muy pocos estaban dispuestos llegar hasta el fondo, a no ser que algo muy profundo sucediera en sus vidas por cualquier circunstancia externa a ellos, entonces tendrían que replantear su camino como me había sucedido, la diferencia es que en mi caso en particular, todo marchaba bien, por lo menos en apariencia.

Jesús decía a sus discípulos *"Pedid y se os dará, buscad y encontraréis, llamad y se os abrirá, porque quien pide recibe, quien busca encuentra y al que llama se le abre"*. Yo no era la excepción, y estaba obteniendo información de muchas fuentes, había decidido entrar en aguas muy profundas, y en mí fuero interno sabía que no había marcha atrás, ya no podía darme el lujo de parar, con todo y sus consecuencias, me di a la tarea de buscar todo tipo de ayuda, con psicólogos, terapeutas, y por primera vez busqué también la ayuda espiritual.

Mi esposo no era consciente de lo que me estaba sucediendo, al menos no internamente, no quería meterlo a él en este meollo, así que según él, viéndome muy cambiada y silenciosa, nunca se entrometió, ni opino, según lo que me confesaría más adelante, pensó que era algo más que quería lograr, alguna meta que se me había metido en la cabeza y que apenas la alcanzara, volvería a ser la misma, pero lo que él no sabía, es que esta no era una meta más como tantas que había alcanzado con éxito en mi vida, era un largo camino que tenía por delante y sabía que él no estaba preparado para acompañarme aún amándome, al menos en ese momento no era su camino, no podía juzgarlo, aún no le había llegado su momento, yo solamente quería que fuera feliz.

Respetaba mi decisión, cuando no quería acompañarlo a algún acontecimiento, prefería quedarme en casa, o ir a conversar con mis padres de lo que estaba sucediendo y siempre me alentaron a llegar al fondo de mis respuestas, sabían que tanta superficialidad con la que llevaba mi vida, un día tocaría fin, para entonces seguir siendo la mujer exitosa que era, pero resurgir a una vida más sencilla, pero más plena.

Muchas cosas que antes hacía con mi esposo, ahora ya no me daban placer, como ir a fiestas donde sabía que él sí se sentía muy a gusto, como almuerzos, cenas, una vida social muy intensa que la había disfrutado enormemente y de la cual me había sentido muy feliz y cómoda en su debido momento, exhibiendo un nuevo vestido, o todo aquello que de una u otra forma alimentaba mi ego, pertenecíamos a una clase social privilegiada, pero pienso que al final de cuentas todo cansa, cuando solo alimentas el ego, como en mi caso, lo complacía pero ya no era feliz, no tenía que ponerme ninguna máscara para ser aceptada, querida y admirada, este trabajo interno estaba constándome también muchas lágrimas, sabía que mi esposo por más que me amara no aguantaría por siempre este cambio tan grande y aparentemente tan repentino, y siempre pensaba que en algún momento me pediría el divorcio, y yo no estaba preparada para ese paso, me dolería muchísimo, así que este nuevo camino y desconocido totalmente para mí, no se me estaba haciendo nada fácil.

Pasaba días estando completamente segura hacia donde quería ir, y esto me daba mucha paz y tranquilidad, pero cuando mejor me sentía, entraba en un bucle de pensamientos nocivos del que no me era fácil salir.

Había dos fuerzas dentro de mí, muy poderosas, era solo cuestión de tiempo, saber a cuál yo terminaría entregando todo mi poder al alimentarla con mis pensamientos.

Mi vida anterior me jalaba, pues era lo conocido, lo cómodo, esa zona donde me había desenvuelto, ¿valdría la pena esta nueva vida?, me preguntaba constantemente, pero mi voz interna empezó a hacerse más clara y más directa, y eso reconfortaba a mi espíritu abatido por la indecisión.

Una mañana, habíamos salido a caminar por un parque hermoso, los pájaros cantaban, las ardillas corrían para que las viéramos, en medio de toda esta vegetación, tantos árboles hermosos, algunos cuyo follaje color púrpura en primavera y verano, bien podrían ser dignos de la mejor pintura al natural, en medio de toda esta belleza, un lago tranquilo que invitaba a tantas cosas, así que nos sentamos a contemplar toda esta maravilla de la creación, hasta hace poco casi imperceptible para mí, mientras contemplábamos esta obra de Dios, en silencio.

Después de un largo rato de contemplación, donde los dos estábamos muy a gusto, rompí el silencio y sin pensarlo dos veces le dije que hiciéramos un viaje, pero no como los que estábamos acostumbrados a hacer, sería un viaje espiritual, él siempre intuyó que dentro de mí se estaban gestando muchas cosas, pero no a que grado, y siempre pensó que todo ello pasaría y todo volvería a la normalidad, su respuesta fue cortante, *"no"* lo imaginaba, pero albergaba en mi corazón la duda, lo entendí perfectamente, la búsqueda y la insatisfacción eran solo mías.

Así que él no iría, pero me apoyaba en mi decisión, esto me daba tranquilidad y alas para volar en mi nueva vida. Contaba con el apoyo de colaboradores excelentes, buenos, de toda mi confianza, honestamente eran como de mi familia, así que por ese lado sabía que todo quedaría en buenas manos, total serían por tan solo dos meses.

Mi mente, mi alma, mi cuerpo, todo mi ser necesitaba algo de quietud, no el torbellino en el que siempre había estado, me sentía en medio de todo esto tranquila, no sabía a ciencia cierta a que me enfrentaría, pero ya no había marcha atrás. Emprendí mi viaje con muy poco equipaje, quería estar lo más cómoda que me fuera posible, llevaba un cuaderno de notas, donde plasmaría mis vivencias y experiencias.

Nunca había estado sola y menos conmigo misma, iría en busca de respuestas y estaba abierta a escuchar, aún si lo que escuchara no le agradara a mis oídos, sabía que mi proceso interno estaba en marcha, así que estaría alerta a las señales, pero en el peor de los escenarios *"pensaba"*, si no obtenía las respuestas que estaba buscando, regresaría me olvidaría de todo y continuaría con mi antigua vida, total no tenía nada que perder.

Estos dos meses se convirtieron en peregrinajes muy intensos, diferentes países, culturas milenarias, visitando templos y todo aquello que oliera espiritualidad, y para alguien que conocía muy poco o casi nada, aquella búsqueda del alma se me hacía cada día más familiar, y reconfortante, y una cosa me llevaba a la otra, tuve la oportunidad de conocer de primera mano, el rostro de la miseria humana, personas con tan poco, pero con una sonrisa en el rostro que reflejaba que eran felices, agradecían todo lo que tenían, seres maravillosos que lo poco que tenían querían compartirlo contigo, había tenido que hacer este largo viaje para reencontrarme conmigo, con mi niña interior, a pesar de tener algunas veces personas a mi alrededor, su sencillez y humildad me estaban dando lecciones de vida, en otras ocasiones buscaba estar sola, en realidad me hacía sentir muy bien, ya no le daba tanta importancia a mis pensamientos, aunque de vez en cuando entabláramos conversaciones, que me hacían sentir intranquila, así que decidí quedarme un par de meses más, se lo comuniqué a mi familia y esposo el cual no puso ninguna objeción, para mi sorpresa y alivio.

Seguí en mi peregrinaje, procurando tener la menor cantidad posible de comodidades, y distracciones y para mi sorpresa me sentía muy cómoda en mi ropa, pedía humildemente que regresara con mis preguntas respondidas, y así, poco a poco de las personas que menos esperaba recibía mensajes que sabía eran para mí, todo empezó a fluir de la manera más natural e inimaginable, como nunca antes lo había experimentado, había visto la muerte, así que ya no le tenía miedo, ahora sabía que ese no era final.

Los días iban pasando y con ellos muchas de mis preguntas habían tenido su respuesta, me sentía melancólica pues mi viaje estaba llegando a su final, eso sí estaba tranquila, serena, sabía que extrañaría aquellos sitios donde mi amada alma había vuelto a ver la luz, al final del camino, pero ya no andaría más a ciegas.

Llegó el momento de regresar y me encontraba un poco ansiosa, era otra persona la que regresaba, no me arrepentía de este largo peregrinaje, pero había entendido que, de estar preparada, no hubiese tenido que ir tan lejos en busca de respuestas, pero esa era la manera que había escogido mi alma para que yo despertara.

El día de mi partida, me despedí de algunos amigos que había hecho a lo largo de estos meses y que me habían enseñado tanto difícil de olvidar, los veía con profundo respeto y admiración, les estaría eternamente agradecida, quizás no nos volveríamos a ver, pero una cosa la tenía bien clara, no había sido casualidad, todos formábamos parte de la misma tribu, de la unidad.

Mi adorado esposo fue a recogerme al aeropuerto, se veía contento y feliz con mi regreso, para él, yo ya había conseguido una meta más, entonces volvería a ser la de antes, la que él amaba, me dijo que mis ojos brillaban como nunca antes, que irradiaba tranquilidad y le daba paz el que hubiera regresado, lo miré con mucha ternura y amor, él siempre me dio lo mejor que tenía y quien era yo para meterlo en mi camino, que se había vuelto individual, no podía, ni quería obligarlo a nada que no fuera por su propia decisión.

Retomé mis actividades, continué con mi trabajo, pero ahora deseaba poner en práctica aquel aprendizaje y que fueran mis acciones las que hablaran por mí.

Ya no asistía a las reuniones sociales de mi esposo, ni siquiera por compromiso, en su lugar iba y visitaba personas de la tercera edad que no tenían quien las fuera a ver, enfermos, siempre buscaba algo diferente que hacer, me uní a las obras de caridad que hacían mis padres, los cuales estaban gratamente sorprendidos, hicimos un buen equipo, y por el otro lado mi matrimonio estaba muriendo, el fin estaba cerca, le fui dando largas más por él, que por mí, aun amándolo profundamente, pero nuestras misiones de vida habían cambiado ya no eran las mismas.

Quería que él encontrara de nuevo su felicidad, sabía que me amaba, pero no quería cambiar su estilo de vida y lo entendía perfectamente, así nos habíamos conocido y era todo lo que él conocía.

Una noche después de cenar, nos sentamos a tomarnos una copa de vino, él nunca quiso saber que había sucedido en esos meses lejos de él, pero sí sabía a raíz de mi comportamiento que ya nada era como antes, mi forma de ser era muy diferente y él me conocía muy bien, siempre lo supo, pero no quería reconocer que nuestro matrimonio había llegado a su fin, no había terceras personas, nuestros rumbos habían cambiado, y yo cada día me sentía agradecida y plena.

Le planteé el divorcio y me dio un rotundo *"no"*, que primero teníamos que buscar terapia, o tener hijos y así estaría ocupada, entonces nuestros conflictos se resolverían, pero en realidad nunca los tuvimos, le dije que fuera él, pues yo ya había hecho mi parte dos años atrás, y que eso no le era desconocido, le dije que independientemente de lo que hiciera, y a pesar de que lo amaba ya no podía ser quien no era en realidad, y llevar una vida simplemente de apariencias por hacer felices a otros, ya no podíamos continuar, y esa era mi última palabra.

Pasaron los meses y empezó nuestro proceso de divorcio, estaba siendo doloroso para ambos, más aún cuando ya no tuviéramos ningún vínculo en común, pero el tiempo terminaría sanándolo todo, a regañadientes había aceptado que era una decisión muy pensada y no tomada a la ligera de mi parte, todo lo que poseíamos sería repartido a la mitad, ese tema nunca fue motivo de discusión, mientras todo parecía andar bien dentro de lo que cabía, tenía sueños que se repetían una y otra vez, los había tenido en mi peregrinaje, pero ahora eran más recurrentes, y no pasaban desapercibidos pues eran bastante claros, todo ello lo escribía en mi cuaderno de apuntes, que ya eran varios por cierto.

En medio de este proceso, un buen día me llamaron de un hospital, donde se encontraba mi esposo, que rayos estaba pasando, o quizás estaría planeando algo para manipularme, pensé a la ligera, pero entonces reaccioné, él no era este tipo de persona.

Salí directo para el hospital, diciéndome que no sería nada que pusiera en peligro su vida, pues él era un hombre joven, fuerte, saludable, lo más grave que había padecido era una apendicitis, y para ese momento no estábamos casados, así que mientras repasaba todo esto en mi mente, más entendía que no había motivo de preocupación, cuando llegué me estaba esperando su médico, y amigo nuestro, para contarme lo que habían descubierto en mi ausencia, él le había mandado hacer unos exámenes debido a ciertas dolencias que estaba presentando, él pensaba que su apariencia y delgadez eran producto de lo mucho que me extrañaba, pero nunca me dijo nada, tampoco quiso enterarse de los resultados, quería que yo estuviera a su lado para conocer lo que estaba pasando, pero en vista de todo lo sucedido a mi regreso, habló con su médico, para que le informara de los resultados, él siempre respecto la voluntad de mi esposo y le hizo prometerle que no me llamaría, sabría lo que estaba sucediendo a mi regreso, su lealtad, al principio me molestó, pero luego entendí.

Quería primero darme la noticia a mí, para ver de qué forma se la comunicábamos a él, su estado era muy grave, su pronóstico desalentador, solo un milagro podría salvarlo, de lo contrario era muy poco lo que se podía hacer, no podía creer lo que estaba escuchando, estaba en estado de shock, todo se volvió confuso, sombrío, no lograba asimilar la realidad de lo que estaba pasando, si bien es cierto que quería divorciarme, no era porque no lo amara, pero y ahora esto, no era lo que yo había planeado, yo quería verlo feliz, rehaciendo su vida, pero la idea de la muerte aun habiéndome familiarizado con ella, me costaba aceptarla para él.

Tenía que procesarlo primero para entonces darle la noticia, y no sería nada fácil, le pedí dos días, y él estuvo de acuerdo, le daría la noticia estando yo a su lado, mi esposo intuía algo, pero jamás la gravedad de su salud.

No quise separarme de él, solo para ir a casa y buscar algunas cosas indispensables, no quería que me viera descompuesta, así que reprimía las ganas de llorar, que prueba tan dura me estaba poniendo la vida.

Llegó el día que teníamos que enfrentar la cruda realidad de lo que estaba sucediendo, ya se estaba poniendo muy ansioso y había que hablarle con la verdad, mientras se le hacía un nudo en la garganta, su médico y amigo le contó todo lo que estaba sucediendo, de la manera más sutil, pero no por ello, menos dolorosa, dejándole entender que solo un milagro podía salvarlo, pero que los milagros eran posibles, escuchar a un médico hablando de esta manera, me conmovió profundamente, así no lo sintiera en su interior, pero no era un paciente más, también era su amigo después de todo, luego de esta confesión, hubo un silencio sepulcral, no pudo más y salió del cuarto, me tocaba a mí ser fuerte para él, lo acompañaría hasta el final, al quedarnos solos nos miramos como hacía mucho tiempo no lo hacíamos, nos fundimos en un abrazo donde se podía sentir el palpitar de nuestros corazones, y nuestras almas se fundieron en una sola entonces rompimos en llanto, ya no podía controlarme más, necesitaba desahogarme, para juntos enfrentar la cruda realidad de lo que estaba sucediendo, me apretó como un niño cuando se le ha perdido su madre por unos instantes, y piensa que ha sido toda una eternidad, como si supiera que la vida se le estaba escapando de las manos, podía sentir su dolor, su impotencia de tenerlo casi todo menos su invaluable salud, tampoco quería que estuviera con él por lástima, pasara lo que pasara, tuve que sacarlo de su ignorancia, en el fondo me conocía y sabía que no era lástima lo que mi corazón aún albergaba por él, pero quiso dejármelo saber.

Había llegado el momento, a mi entender, demasiado rápido para poner en práctica todo el conocimiento y las herramientas, que una vez estuve lista, finalmente pude entender, ese viaje interno que había realizado a profundidad, que tantas enseñanzas había dejado en mí, y que independientemente de con quien estuviera ese camino ya me era familiar.

Mi mente había entendido muchas cosas que ya mi alma sabía, la vida me estaba poniendo a pasar el examen, esta prueba que de una u otra manera me haría más fuerte.

Me pidió que le hablara acerca de mi proceso, en qué momento se había iniciado todo, quería que le contara al detalle lo que había vivido en esos meses ausente de él, me dijo que se lamentaba profundamente no haberme acompañado y poder disfrutar de mi transformación o quizás de la nuestra, se lamentaba de todo lo que no había compartido conmigo en este desconocido camino para él.

Empecé contándole desde las recurrentes preguntas que me hacía, mi insatisfacción muy a mi pesar, para alguien que no le faltaba nada, no sabía exactamente en qué momento había tocado fondo, pero no era ahí precisamente donde me quería quedar, tenía que haber algo más y no era precisamente material... así que con este panorama decidí darle un nuevo rumbo a mi vida, al principio había sido por las ramas, pero luego me adentré en las raíces y fue en ese lugar de aparente oscuridad donde empecé a ver la luz.

Él estaba muy atento con mis relatos, se los contaba de una manera muy sencilla, en realidad así era la vida que había aprendido a vivir y amar.

Pasaba largas horas describiéndole a la maravillosa gente que la vida había hecho que se cruzaran en mi camino, al principio las veía como casualidades, pero una me llevaba a la otra, que afortunada pensaba que era, tantas aparente casualidades, luego había entendido que todo ello había sido orquestado por el creador, y que nada había sido casual, cuánto me habían enseñado, y todo se había ido dando de una manera aparentemente sencilla, pero milagrosa.

En algunas ocasiones se quedaba profundamente dormido, llegué a pensar que era solo su cuerpo, y que su alma continuaba escuchándome, parecía que mis historias lo arrullaban, como las canciones o los cuentos que le hacen los padres a los hijos cuando quieren que se duerman en paz. Cuando lo veía en ese estado de paz sabía que se había conectado con mis propias vivencias.

Me había prometido a mí misma que haría todo lo que estuviera a mi alcance para que su transición fuera lo más tranquila y en paz posible.

Me había tocado ver el rostro de Dios, pero también el de la muerte en muchas personas y ahora la tenía en frente mío, se estaba llevando a mi amado esposo sin previo aviso, cuando sentía que mis fuerzas flaqueaban pedía ayuda celestial, y siempre la obtenía, no era nada fácil lo que me estaba tocando vivir, viéndolo como cada día tenía menos fuerzas para resistir los dolores del cuerpo, le pedía a Dios por un milagro o que no nos mantuviera en este suplicio, que más era lo que teníamos que aprender, más sin embargo internamente, de una manera inconsciente no quería perderlo tan rápido, era mejor verlo en ese estado que enfrentarme a su ausencia.

Todos los días hacía que se riera, al menos eso fue al inicio, después era sola una mueca, le recordaba todos los buenos momentos que habíamos compartido, nuestros viajes, lo que habíamos logrado juntos, nuestras amistades con las que en su debido momento la habíamos pasado fenomenal, y con las que él había seguido compartiendo buenos momentos, de mis sobrinos a los cuales él amaba igual que yo, eran nuestros hijos putativos cuando los teníamos con nosotros, los hermosos momentos que la vida nos había regalado y nunca supimos agradecer, pues los dábamos por merecidos.

Le conté que durante mi búsqueda llegue a pensar en la posibilidad de tener un hijo, para olvidarme de todo aquello desconocido y tan perturbador para mi mente lógica, en el momento que lo decía vi cómo lágrimas rodaban por sus mejillas, lo que hizo que también por las mías lo hicieran, pero le recordé nuestra promesa cuando nos habíamos casado, y que había entendido también que traer un hijo al mundo no era la solución para arreglar ningún tipo de problema, que era una forma muy irresponsable y egoísta de ver la vida de otro ser, cuando no estabas en condiciones de proporcionarle lo que te demandaría, y que me había retractado de ello.

Trataba de hacer que sus días fueran placenteros, sin engañarlo diciéndole lo que sentía. Ahora entendía que mi alma me estuvo preparando para este gran desafío, y para ayudarlo a él en su salida de este plano físico.

En su momento, cuando aún estaba completamente lúcido, me agradeció por todo el apoyo que le estaba dando, quería que el tiempo retrocediera para unirse a mi camino, me dijo cuánto me amaba y cuánto me había extrañado en esos meses que no estuve presente en su vida, cuando se hizo sus exámenes y no quiso saber nada al respecto hasta que yo llegara y que le había prohibido a su amigo que me llamara, pues quería que tuviera un viaje tranquilo y en paz, buscando mi meta, lo que él pensaba era mi búsqueda en ese momento, todo lo que había sucedido después de mi llegada, lo escuchaba y no podía reprimir las lágrimas, pero él finalmente pudo desahogarse.

Me dijo que nunca se había preparado para morir tan joven, que en sus sueños se veía conmigo llegando a ser viejitos, que a veces pensaba que todo esto era un sueño, podía ver la tristeza con la que me lo decía.

Le expliqué lo que yo había aprendido, que la muerte no era el fin, que todos un día, más tarde o temprano tenemos que cruzar ese túnel, que algunos regresan cuando se les da otra oportunidad, porque aún no ha llegado su momento, o para que cambien sus vidas, más sin embargo todos pasaremos por él sin excepción. Le transmitía seguridad, amor y mucha paz, de no haber estado preparada no lo hubiera podido vivir ni superar.

Le encantaban mis historias, algunas contadas por aquellas personas de generación en generación, como la de aquel hombre que había nacido para reinar, hijo de un rey sanguinario, pero que prefirió escuchar a su corazón, y un día llegó iluminación.

Una noche estando muy agotada, me quedé profundamente dormida, a su lado y tuve un hermoso sueño que no entendía, pero que era demasiado real, llegué a pensar que era producto de mi imaginación.

Mi esposo empezó a recuperarse, pero había escuchado decir que cuando las personas van a morir algunas tienen una leve mejoría, pero cada día mejoraba un poco, yo no quería hacerme ningún tipo de esperanzas, empezaron a hacerle todo tipo de exámenes, su médico y amigo no quería crearle falsas expectativas, ni él mismo se las hacía, sabía su condición, entonces que estaba pasando, él con muchísimos años de experiencia no podía entender, para la ciencia este tipo de curaciones milagrosas son casi imposibles, por no decir imposibles, y bajo todo pronóstico y cuando estaba completamente seguro, nos dio la gran noticia, había sucedido lo que la ciencia no sabe cómo interpretar, efectivamente había sucedido un gran milagro, esos que resultan ser inexplicables.

Aunque todos lo deseábamos, nunca quisimos hacernos vanas esperanzas, y ahora de repente había sucedido, cuando soltamos nuestros apegos, aquello nos dejó sin palabras, siempre había sentido a nuestro lado una presencia angelical, pero ahora todo empezaba a verse con más claridad, nos abrazamos los tres, y esta vez también lloramos, pero de felicidad.

Cuando le dieron el alta, nos fuimos a casa, tenía que estar en revisión, pero sabíamos que no haría falta, mi esposo era otro tipo de persona, su cambio no solo era externo, también lo era internamente.

Me confesó que había tenido una visión maravillosa, no sabía dónde estaba, pero no sentía dolor, solo una profunda paz y ganas de quedarse ahí, había visto a su abuela con la que se identificaba y a la cual lo unía un gran sentimiento, sabía que ella cuidaría de él, así que eso le dio tranquilidad, y mucha serenidad, esa escena le permitió entender muchas cosas...

Había tenido que pasar por este doloroso proceso, y con el yo también, para darle otro rumbo a su vida, estaba agradecido por esta nueva oportunidad que había pedido humildemente, pero soltando el resultado, este nuevo ser, sí, que era mi alma gemela, siempre lo fue y ahora le apostábamos a ser felices, sin depender de nada externo para serlo, eso lo teníamos bien claro. Todos los días me sorprende con su manera de ver la vida, estamos comprometidos en seguir transformándonos en mejores seres humanos, dando lo mejor a otros, participamos activamente en nuestra fundación, y ayudamos a unas cuantas más, nos damos cuenta lo afortunados que somos.

Cada día lo vemos como un regalo, y agradecemos todo lo que tenemos, ha sido un largo camino, pero muy enriquecedor, y yo me siento agradecida de poder tenerlo conmigo, nos apoyamos mutuamente, sí bien es cierto que nuestra vida cambió vertiginosamente, ha sido una gran bendición, algunas amistades aún las conservamos pues se han unido a nuestra labor, todos formamos un gran equipo, con un propósito en común, ayudar a otros y compartir una buena parte de todo lo que la vida nos proporciona a diario, amamos lo que hacemos, incluyendo nuestros negocios, de los cuales somos buenos administradores, pero ahora ya no son el centro de nuestras vidas, hemos realizado viajes juntos a sitios ya conocidos, pero ahora con una nueva conciencia, donde todo resulta ser mágico, al igual que yo, él también ha tenido un hermoso despertar.

Nos dimos cuenta de que la vida y la muerte son hermanas, solo una invisible línea las separa, también que debemos estar preparados todos los días, siendo felices y agradecidos con lo que tenemos, que nadie por más que amemos se puede ir con nosotros y que lo único que nos llevaremos será aquel aprendizaje que almacenamos a lo largo de nuestra vida.

Queremos un día dejar este mundo siendo mejores de lo que un día llegamos, y que mientras exista un halo de vida, siempre habrá oportunidad para convertirnos en mejores amigos, padres, maestros, en fin en el rol que la vida nos ponga.

Aunque no puedo ver el final de la película, procuro que cada día sea diferente, saliéndome de mi zona de confort, la vida ya lo había hecho y no precisamente por voluntad propia al menos en el caso de mi esposo, pero en su proceso cuanto había tenido que aprender, me había llegado a doler el alma de verlo en el estado en que se encontraba, pero nos habían dado otra oportunidad de continuar juntos, y ahora teníamos un proyecto de vida en común, nada había sido en vano, después de tanta aparente oscuridad, la luz infinita se había manifestado, ahora finalmente podía entender la frase: *"El reino de los cielos está en tu interior"* y entonces supe por qué… *Las santas no van al cielo.*

Kayla

Mis sueños

Mis padres se casaron siendo muy jóvenes, pero muy enamorados, amaban la vida que tenían, y cumplían con sus deberes religiosos a cabalidad, personas sencillas, pero de bien, que no le hacían daño a nadie. Decidieron que hasta no terminar con sus estudios superiores, no se embarcarían en crear su propia familia, y así fue, trabajaban y estudiaban con mucho esfuerzo y tenacidad, pues tenían sus metas claras, para ellos era importante, empezar a tener hijos, cuando pudieran darles no solo lo material, sino también calidad de tiempo, así que sus hijos, serían una extensión de todo el amor que ellos mismos se profesaban.

Una vez terminado sus estudios decidieron darse un tiempo, ahora tenían los medios económicos, y se fueron de luna de miel, la que no había podido realizarse en su debido momento, pero, la tenían pendiente, así que planificándolo todo se fueron de viaje, dándole rienda suelta a su amor, y en ese maravilloso viaje, yo fui concebida. Hasta ese momento todo parecía un cuento rosa, en realidad así lo vivían ellos.

Mi madre joven, hermosa, talentosa con toda una vida por delante para compartirla con el amor de su vida, se enteró de que había quedado embarazada, no cabía de la felicidad, y quería darle la noticia a mi padre de una manera diferente, inusual, pero a la vez cargada de profundos y hermosos recuerdos, así que planificándolo todo, le propuso ir a aquella escuela, el lugar donde se habían conocido, él encontraba extraño aquel pedido, pero pensó que sería hermoso recordar y revivir aquellos momentos, y visitar aquel sitio que había marcado y cambiado sus vidas por completo. Mi madre que había preparado cuidadosamente la escena, y teniendo algún cómplice en la escuela, que les permitió permanecer ahí por un par de horas, llevó algo de beber y también para picar, la cena sería en casa algo más formal. Tenían que celebrar, pensó ella. ¡Sí! Había una razón poderosa y era que una nueva vida se estaba gestando en su vientre, después de tanto esperar por ese momento finalmente era una realidad, la culminación de tantos sueños y de su amor.

Mi padre siendo un chiquillo aún, apenas la conoció, le dijo que ella sería la madre de sus hijos, y mi madre se echó a reír, habían pasado tantos años desde aquella confesión.

Estando en este lugar de encantamiento para ellos, empezaron a recordar, los buenos y maravillosos momentos que habían tenido desde su primer encuentro, mi padre le decía que siempre supo que se casaría con ella, jamás lo dudo, para él, ella era su otra mitad.

En aquella improvisada, pero no por ello menos romántica cita, se besaron apasionadamente, como si fuera su primer beso, después de aquel largo y apasionado beso, ella hizo que mi padre recordara cuál había sido el motivo de sus carcajadas muchos años atrás, recién empezando a conocerla. A todas estas, él pensaba que solo era una cita romántica para revivir momentos únicos y especiales que en ciertas ocasiones suceden en las aulas de clase, como algún beso fugaz en las mejillas, un toque de manos, todo aquello que te hace querer tocar el cielo de una manera subliminal, cuando el amor toca a tu puerta sin estarlo buscando, sin previo aviso, ese sentimiento que cuando es genuino es porque viene del alma.

Sin más preámbulos, y con toda la certeza del mundo, le dijo: *¡estás embarazada!*, realmente no era una pregunta, a lo que ella no respondió más que abrazándolo y dándole un apasionado beso que parecía no tener fin.

En ese preciso momento mi padre entendió la inexplicable ida a ese lugar, ¡sí! Definitivamente era el mejor lugar para aquella hermosa noticia, donde todo había iniciado por los aparentes caprichos de la vida... mientras recorrían aquel lugar tan familiar para ambos empezó a oscurecer ya no quedaba nadie, y había un silencio total, sus jóvenes cuerpos deseaban placer y se entregaron a él, como la primera vez, con el cielo y las estrellas como su fiel testigo de todo el amor tan grande que se tenían, ahora su felicidad era completa con la llegada de un ser por el cual habían sabido esperar, y no precisamente por no ser deseado, estaban en un éxtasis total, que otras hermosas sorpresas les depararía la vida... Mi padre acariciaba y le hablaba al vientre de su amada cada día, no veía la hora de mi nacimiento, querían tener 2 hijos y que no se llevaran mucho tiempo de diferencia, era como si quisieran que ahora todo sucediera rápidamente... mi madre siempre fue una mujer sana y el embarazo la hacía lucir resplandeciente, llena de vida, sus padres también estaban algo ansiosos querían conocer a su primer nieto, jamás ella sintió presión por parte de ellos para que cambiara de planes, y ahora ese ansiado nieto estaba en camino, el cual sería muy amado por todos.

El embarazo no fue un impedimento, para que junto a su amado esposo, tuvieran una vida sexual plena y activa, llenando sus cuerpos de placer con las mieles de su amor, ella siempre lo satisfacía, pero no era por compromiso u obligación, solo quería que sintiera el amor más puro y grande cuando se entregaba a él, donde nada aparte de mí, existía en su mundo, solo dos cuerpos y una sola alma. Todos los lugares eran perfectos para vivir su intenso amor.

En cierta ocasión, mi padre quiso sorprenderla para su cumpleaños número 27 y con dos meses de embarazo, y para ello rento una cabaña bien apartada de la civilización, quería que fuera inolvidable para los dos y así fue...cuando tuvo todo preparado hasta el más mínimo detalle, para que no fueran a carecer de nada, se lo dejo saber, y ella se emocionó mucho, aunque a decir verdad, estando con él cualquier lugar era como estar en el paraíso, pero este tipo de aventura era la primera vez, así que emprendieron su viaje y llegaron finalmente a aquella cabaña en la que estarían por espacio de una semana, apartados de todo lo que no fuera su loco y tierno amor, donde podían darle rienda suelta a toda su pasión. En aquellos días, la consentía y mimaba aún más, daban largos paseos por los alrededores pues su estado físico se lo permitía, disfrutando lo más simple y hermoso que la naturaleza les ofrecía, aquellos paisajes que olían a paz, donde se podía respirar aquel oxígeno libre de contaminación, se respiraba la vida misma.

En uno de sus habituales paseos llegaron a unas impresionantes cascadas azules por el agua y blancas por la espuma, creando albercas naturales contenidas por diques calcáreos, anudado a eso el verde de la vegetación, la brisa constante, y el sonido que hacían era el mejor escenario, para que alguien a quien le gustase pintar, se diera tremendo banquete, pintando aquel maravilloso paisaje, pero los que habían llegado eran mis padres, y luego de estar en silencio contemplando esta maravilla de la creación, sin pensarlo dos veces desnudaron sus cuerpos, y se sumergieron en esta agua cristalina, donde se reflejaba su desnudez y toda la belleza y vida que había en ellos, y ahí en ese lugar solitario y mágico hicieron el amor una vez más, y como único testigo de su amor, yo en su vientre, el sol que acariciaba sus cuerpos sedientos de placer y algunos pájaros que entonaban bellas melodías. Eran felices, éramos felices pues yo podía sentir todo su amor. No sé cuántas veces se dijeron lo mucho que se amaban y me lo dejaron saber a mí, pues yo era la extensión de su amor. No había un motivo especial para que ellos hicieran el amor, pues ya ellos eran puro amor. Esa cabaña fue testigo de días y noches de placer, dando rienda suelta a los ímpetus de su corazón, como si la vida se les fuera a escapar de las manos y la muerte los estuviera esperando al doblar la esquina. Los dos se complementaban eran uno solo, almas que se habían reencontrado en un universo tan grande y tan cambiante, pero el destino, como lo llaman algunos los había juntado de nuevo. Su embarazo seguía con toda normalidad, mientras su vientre seguía creciendo y la llegada de este nuevo miembro a la familia, sería la culminación de su amor, que a pesar de algunos obstáculos, habían sabido sortear muy bien. Llevaba una vida sana, y su médico siempre que la chequeaba encontraba que estaba teniendo un embarazo en óptimas condiciones, mi padre siempre estaba con ella acompañándola.

Al cumplir su sexto mes de embarazo, mi padre arregló nuevamente todo como la vez anterior, en esta ocasión también había escogido un hermoso lugar, el cual tampoco habían visitado, un verdadero paraíso tropical, y muy privado, tenían a su disposición playa privada y todas las comodidades para que ella se sintiera bien, se instalaron en aquel paradisiaco lugar, donde sería la última vez que estarían solos, pues en la próxima salida ya estaría yo con ellos acompañándolos.

La primera noche descansaron, pues el viaje había sido un poco agotador, al menos para mi madre que ya contaba con un embarazo avanzado, así que esa noche mientras ella dormía, él la observaba y le hablaba a su hijo, diciéndole lo mucho que los amaba a ambos, y en ese estado de contemplación, se quedó profundamente dormido, en la mañana siguiente la primera en levantarse fue mi madre, la cual había descansado profundamente, lo cual le permitió recuperar sus fuerzas y estaba afuera en una hamaca meciéndose, tomándose un delicioso jugo preparado por ella, dejó que él se despertara por su cuenta, sabía que también estaba agotado por el trajín de los últimos días, y como era su primer día, decidió dejarlo dormir, ella en tanto seguía metida en sus pensamientos.

En su segunda noche ya recuperados, él hizo una fogata frente al mar ayudado por mi madre, podían escuchar el ruido de las olas, como danzaban de manera majestuosa e irrepetible cada vez, rompiendo su equilibrio al llegar a la orilla, la luna de fondo en todo su esplendor mientras observaban casi hipnotizados, pero disfrutando piel con piel todo lo que aquella fantástica noche les estaba obsequiando, sentados ahí permanecieron un par de horas mientras el viento acariciaba suavemente sus rostros y mi padre su vientre, mientras escuchaba los latidos de nuestros corazones, para nuevamente la luna ser testigo de su amor, acariciaba tan bien su cabello, con mucha ternura, pero también con pasión, como si el tiempo que tenían se les fuese a ir de las manos, besaba sus ojos, sus mejillas, sus labios tan sensuales que siempre parecían estar listos para el amor, la recostó sobre aquella manta de tan hermosos colores, para irla desvistiendo poco a poco, pero con sumo cuidado, como si temiera que se le fuese a romper, la noche aún era joven, como ellos dos, y había mucho fuego, aparte el de la fogata, que los acompañaba y sería su testigo, estaba también el fuego de sus cuerpos, ese que si estaba listo para ser apagado, y ellos lo sabían muy bien, después de contemplar la luna, los dos desnudos, y una vez más después de besar todo su cuerpo, se entregaron a amarse, y a disfrutar las mieles del amor que se profesaban, mientras él le susurraba al oído, te amo, eres mi vida, y sin ti no quiero vivir. Pasaron los días en aquel lugar, como hecho a su medida, todos diferentes, pero siempre la sorprendía con cualquier detalle cargado de mucho amor, vivían una luna de miel constante, ella siempre había querido tener un perro al que pudiera proteger y darle su tiempo, así que sin adelantarle nada, cuando llegaron a su hogar, los esperaban sus padres y el nuevo miembro de la familia, una hermosa perrita, a la que ella quiso ponerle por nombre Frida, estaba loca de felicidad con su perrita aún tan pequeña, tenía mucho amor para darle, siendo niña había tenido una parecida, pero una extraña enfermedad se la había llevado y nunca quiso sustituirla, quizás para no sufrir le había costado mucho superar su partida, y ahora mi padre la sorprendía con este bello y tierno regalo, que ella ni siquiera podía sospechar, él quería verla feliz y radiante, mucho más ahora, en el estado que se encontraba.

Los últimos meses fueron transcurriendo, y con ellos el vientre de mi madre seguía creciendo, sus muestras de amor eran el pan de cada día, todo iba bien, así que no había nada de que preocuparse, me cantaban y decían lo mucho que era deseada, mi madre decía que siempre estaría ahí para mí, al igual que mi padre, que solo la muerte podría separarnos decía mi madre, como si aquello fuese una fatal premonición que llevaba adentro.

Ya estando en sus últimos días para dar a luz, mi madre empieza a sentirse mal, dolor de garganta, congestión nasal, falta de aire, dolores musculares, entre otros, ellos piensan que es una simple gripe, pero que debido a su estado le ha dado más duro, más sin embargo, mi padre la lleva a emergencia y, al practicarle unos exámenes se percatan que ha contraído un virus letal, poco conocido hasta entonces, la preparan y le hacen una cesárea de emergencia, dando a luz a una niña y un niño, inesperado para todos, incluso para su médico, ninguno de los dos habíamos contraído la enfermedad, mi padre estaba que no cabía de la felicidad, por nuestro nacimiento, pero aún no era consciente o no quería saber la gravedad de lo que estaba ocurriendo, después de algunas pruebas y varios días de aislamiento, se demostró que mi padre, tampoco era portador del virus, la divina providencia quiso que las cosas pasaran de esta manera, mi madre por su lado estaba luchando por su vida, los médicos y las enfermeras convertidos en verdaderos ángeles hacían todo y más de lo que estaba a su alcance, para salvarle la vida, después de todo era una mujer saludable, pero muy a su pesar todo había resultado inútil, partiendo finalmente, sería que ya habría cumplido su misión aquí en la tierra, me he preguntado muchas veces... dejando a su paso una estela de dolor desde los médicos, hasta todo el personal que había tenido contacto con ella, y que conocían de cerca su situación, dejaba un esposo y dos bebés recién nacidos que no había podido conocer.

Mis abuelos, sus padres se mudaron a nuestra casa, para ayudar a mi padre que parecía un ente, me contaría tiempo después la abuela, que aún destrozados por el dolor de su muerte tan repentina, lo único que los mantenía en pie, era saber que debían cuidar a sus hermosos nietos, ahora huérfanos de madre, y prácticamente de padre, ni aún sus pequeños hijos habían podido mitigarle un poco su dolor, todos los días le renegaba a Dios, porque tenía que haberle hecho esto a ellos, en la etapa más feliz de sus vidas, creía que no era justo hacerle algo así a unas personas de bien, que no le hacían daño a nadie.

Mi padre después de un corto duelo, continuó trabajando, no quería enfrentar la realidad, así que decidió escapar de los recuerdos, trabajando sin parar, sus heridas estaban abiertas y eran muy profundas, no quería llegar a casa donde todo olía a mi madre, así que para mitigar su dolor empezó a beber, sus pequeños no existían, solo cumplía con sus responsabilidades materiales, pero no quería encariñarse y ver en ellos el rostro de la mujer que tanto aún después de muerta seguía amando más que a su propia vida.

Fueron transcurriendo los años, y con ellos la ausencia de mi padre era un abismo que nos separaba, fuimos cuidados con mucho amor, por los que hicieron las veces de nuestros padres, y con una nana que los ayudaba para que tuvieran un poco de descanso y sosiego, si bien es cierto que la pérdida de su hija los dejó devastados, en nosotros ellos veían su continuación y eso pienso yo, les daba las fuerzas para seguir educándonos y que saliéramos adelante, en memoria de su amada hija, a la que la muerte se había llevado, sin pedir permiso y con tantas cosas aún por vivir, pero a diferencia de mi padre ellos siempre mostraban su mejor cara, supieron cómo manejar su dolor.

Conocíamos a mi madre por fotos, y por lo mucho que ella hablaba de su hija, para que su recuerdo permaneciera vivo, el abuelo permanecía casi siempre en silencio, pues recordarla le producía mucho dolor, nunca lo superó, pero se las ingeniaba para que no lo percibiéramos, contrario de mi padre que nunca lo superó, ni estaba dispuesto a desprenderse de su dolor, y que con el pasar de los años se hundía más y más, lo único que lo mantenía vivo era su trabajo, donde se desahogaba trabajando, él nunca pensó que tenía dos razones más para existir.

Tenía sueños en los que veía a mi madre, pero eran al principio muy confusos, y pensaba que estaba sugestionada por lo mucho que la abuela contaba de ella, a medida que me hacía adolescente los sueños continuaban y mi madre siempre estaba en ellos, diciéndome lo mucho que nos amaba, yo le decía que estaba furiosa con ella, no era justo que nos hubiera dejado, cuando más la necesitábamos todos, despertaba realmente molesta y preguntándome por qué Dios no había dejado que yo muriera con ella, los sueños eran constantes y empecé a medida que fui creciendo a darme cuenta de que aún desconociendo el lugar donde se encontraba, era un sitio hermoso, pero ella no tenía paz al igual que yo... mi hermano también tenía sueños con ella, pero él nunca la cuestionó, a diferencia mía, siempre se levantaba contento. y se lo dejaba saber a los abuelos, a los cuales también les producía una gran alegría.

Ansiaba el afecto de mi padre, pero cada día me parecía más a ella, al menos en lo físico, con lo cual creo, le traía dolorosos recuerdos que ahondaban su pena y su impotencia ante la vida, él no era feliz, yo tampoco, más sin embargo mi hermano sí lo era, cómo era posible me preguntaba constantemente, habiendo crecido en el mismo ambiente.

Procuraba disimular mi frustración por la ausencia de mi padre, y así seguían pasando los años, seguía soñando con mi madre quizás porque la añoraba y deseaba desde lo más profundo de mi corazón que estuviera a mi lado y compartiera los momentos importantes de mi vida, pero todo se quedaba en sueños, así que crecí con mucho dolor y resentimiento que nunca exterioricé y me estaba carcomiendo el alma, necesitaba ayuda. A veces quería seguir los pasos de mi padre y tomar para olvidarme de la realidad, pero pensaba en mis abuelos y hermano y en lo que su comportamiento nos había afectado, más a mí, pues mi hermano era un ser especial, siempre estaba ahí para mí.

Sin juzgar, sin lamentarse, vivía la vida siempre dando lo mejor de sí, le apenaba la situación de nuestro padre, pero jamás lo juzgó, era un alma vieja que vino a darnos mucha luz.

Una noche después de mucho llorar sola en mi habitación, pues no quería la presencia de nadie, me quedé profundamente dormida, al día siguiente era mi cumpleaños número 20, estando sumergida en ese sueño tan profundo, se apareció mi madre, la cual me indicaba donde encontrar un diario el que ella había guardado celosamente, y el que me serviría de gran ayuda, nuevamente me dijo cuánto nos amaba, quería que se lo hiciera saber a sus padres, que jamás nos había abandonado al menos no de la forma que yo pensaba, que sentía mucha pena por mi padre y que yo era la única que podía ayudarlo y ayudarla así ella podía continuar su camino, no comprendía aquel sueño, pero era tan real y claro, porque antes no me había hablado de aquel diario, porque después de tantos años, así que después de hacerme estas reflexiones, fui directamente a la biblioteca donde estaban todos los libros y con sus instrucciones lo encontré camuflado con otras cosas donde era casi imposible que alguien lo pudiera encontrar, tenía algo de polvo y sus hojas estaban bastante amarillentas quizás de tanto esperar por ella y por sus letras, con sumo cuidado me lo llevé, como alguien que encuentra un gran tesoro para mí al menos lo era.

Empecé a preguntarme por qué lo tenía escondido, porque no quería que mi padre lo encontrara y lo leyera estando ella viva y de ser así que escondía aquella mujer a la que todos amaban y no habían podido soportar su ausencia, mi hermano y yo prácticamente habíamos muerto para nuestro padre, cuando ella partió.

Me pregunté, si estaba realmente preparada para saber que contenía ese diario tan personal, que ella con su puño y letra había escrito por años, sin dejar pasar un día de todo lo que acontecía en su vida, como se las había arreglado para que mi padre jamás se enterara, mi mente era un torbellino de preguntas. Así que después de mucho pensarlo, pues temía de lo que me pudiera enterar, me armé de valor y escuché una voz que me decía que ahí estaba la ayuda que había pedido, que la tenía en mis manos.

Pasé días leyendo aquel diario tan íntimo, pero a la vez, de esta manera la estaba conociendo, pues había desnudado su alma en él, por eso era tan íntimo para ella, a medida que avanzaba podía entender tantas cosas desconocidas para mí, y precisamente ahí estaban muchas de las respuestas que necesitaba saber y la manera como podía ayudar a mi padre a sanar sus heridas.

No quise contarle nada a mi hermano de lo que había descubierto, mientras tanto yo seguía procesándolo todo, fui a reunirme con mi guía espiritual, el cual estaba al tanto de todo lo que me sucedía y siempre me sacaba de mis tristezas, y me aconsejaba que al recordar a mi madre lo hiciera con amor y gratitud, por haberme dado la vida, que a mi padre no podía seguir juzgándolo tan duramente, sino más bien verlo con mucha compasión, una vez que le conté todo lo que contenía el diario, su respuesta fue es hora de sanar, es hora de perdonar y ayudando a tu padre lo estás haciendo contigo misma, sus palabras calaron internamente en mi ser.

A la edad de 12 años, mi madre estaba en un parque cerca a su casa, con unos amigos, se alejó un poco del grupo con su mejor amiga, y en ese momento pasó por su lado una anciana que jamás habían visto, y acercándoseles le dio una premonición a mi madre, diciéndole que su vida sería muy corta, pero intensamente feliz, que se casaría con su único amor y con él tendría hijos, pero no los vería crecer, que este hombre al ella partir, no sabría cómo manejar su dolor y se perdería en sus propios recuerdos, sus padres se resignarían y aprenderían a superar su ausencia, pero no su hija aún sin conocerla, pues su tiempo en la tierra ya había terminado. Ella y su amiga se echaron a reír y trataron de no darle importancia, pasados unos cuantos días más por curiosidad, intentaron en vano encontrarse con aquella anciana, pero no había dejado rastro alguno.

Dicha premonición solo era conocida por su mejor amiga, la cual le restó importancia a aquel episodio en sus cortos años de juventud, pues siempre le dijo a mi madre que aquella anciana a la que nunca volvieron a ver, estaría demente. Sin embargo, mi madre lo había escrito en su diario, el cual guardaba recelosamente para que nadie se enterara y preocupara por gusto de aquella tontería, que sin duda no tendría la menor trascendencia y así fueron pasando los años.

Mi madre vivía día a día enamorada de la vida y agradeciéndole a Dios por las bendiciones que recibía a diario, era una buena chica que no le dio grandes preocupaciones a sus padres, los cuales la amaban, el mayor disgusto que les dio fue cuando decidió casarse tan joven, pues para ellos, tenía todo un mundo por delante, pero al conocer a mi padre aunque en un principio dudo por la juventud de ambos, dio rienda suelta al sentimiento que ya mi padre le tenía, así que se casaron profundamente enamorados, mi padre siempre le dijo que ella era su otra mitad, su alma gemela. Escribía todo lo que iba sucediendo en su vida, desde las más pequeñas, hasta las más grandes cosas, era su confidente, allí podía plasmarlo todo, con lujo de detalles. Contaba lo mucho que amaba a su esposo, su único amor, sus viajes, sus aventuras, todo aquello que los hacía ser felices, en el fondo decía tenía miedo a tanta felicidad, y muy a su pesar siempre tuvo la imagen en su cabeza de aquella anciana, pero nunca se lo comentó a mi padre, pensaba decírselo de una manera jocosa cuando fueran viejitos.

Después de quedar embarazada, trato de no pensar en aquel asunto, pero un buen día quiso liberar su alma, y quizás también de una manera inconsciente familiarizarse con la idea de la muerte.

Lo que más le preocupaba era su esposo, que no pudiera soportar su ausencia y se sumiera en el dolor, la rabia y la impotencia de no poder luchar con un enemigo invisible, pero muy poderoso que se la había arrebatado. Sus hijos iban a ser cuidados por sus padres, dándoles todo el amor que ella misma había tenido de ellos, y le dolía dejarlos, más aún sabiendo en el fondo que mi padre no tendría las ganas, ni las fuerzas para darnos el amor que tanto necesitaríamos. Lo conocía demasiado bien. Sabía que su camino debía continuar, no estaba conforme, pero lo aceptaba si ese era su destino.

Había una emotiva nota para mi padre donde le decía, que había sido el amor de su vida, su único y gran amor, que la había hecho inmensamente feliz, que cada día a su lado había sido único y maravilloso, que le agradecía a Dios por haberlo puesto en su camino y por haberle permitido ser madre de sus hijos, a los que aunque ella solo pudo darles la vida siempre los llevaría consigo, como también su amor, le decía que si por circunstancias ajenas a los dos, un día debieran separarse, lo dejaba libre para que volara, y encontrara de nuevo el amor, quería que su recuerdo no fuera de tristeza, sino más bien de alegría, por todo lo vivido, no puedo obligarte a nada que no sientas decía, pero recuerda que la vida es como un juego, a veces se gana, otras se pierde, pero no te identifiques con el resultado, piensa que todo es temporal, como mi paso por tu vida, ojalá un día podamos estar leyendo este diario tan personal para mí, juntos, solo espero que sea cuando ya seamos personas mayores, y este nos recuerde cosas que quizás ya habremos olvidado, pero también nos recuerde lo inmensamente felices que hemos sido, de no ser así, lo sabrás por alguien que como tú también me añora y tampoco ha podido entender los designios de la vida. Todo esto estaba escrito en aquel viejo diario, tan bien escondido, tantos años sin saber de su existencia, posiblemente esperando a su fiel amiga, a su amada dueña.

Cuando termine esta entrañable parte, no pude continuar más, pues las lágrimas nublaban mi rostro y mi mente ya no daba más, lo cerré y me abracé a este como si fuera una parte viva de mi madre, lloré, pero ya mi llanto era de comprensión y de compasión por esta mujer que en el fondo sabía su destino, pero nunca renegó de él, siempre dando lo mejor de ella, estaba profundamente conmovida.

Al día siguiente, y después haber dormido abrazada a aquel diario, me dispuse a continuar leyendo, quería seguir conociéndola. Lo que venía era para mí y mi hermano, espero que nunca tengan que leer esto, pero de ser así. Hijos, quiero que sepan que solo se me permitió darles el hermoso regalo de la vida, para mí ha sido un honor que me eligieran como su madre, y si bien es cierto que no los veré crecer y compartir sus vidas, siguen siendo una extensión mía y de vuestro padre, desearía que cuando me recuerden lo hagan con amor, este sentimiento puede mover montañas, calentar los corazones más fríos y aplacar cualquier guerra, solo el amor, ese sentimiento es capaz de llevarte al cielo estando en la tierra. Aún no estando físicamente en sus vidas, los llevo tatuados en mi alma, mi amiga, mi eterna compañera de viajes, los amo y fueron el fruto de un gran amor, deseo que amen a su padre y sientan mucha compasión por él, pues no todas las personas asimilan el dolor de la misma manera, pero sé que él los ama, me lo demostró durante todo mi embarazo con su entrega incondicional, cuando todo pase y se reconcilien con la vida, estarán agradecidos por tener la bendición de vivir. Siempre supe que mi paso por la tierra sería breve, aunque nunca quise aceptarlo, al menos de manera consciente, lo que había dicho aquella anciana contando con tan solo 12 años, creo que era un ángel que me lo vino a dejar saber a través de ella, solo cuando quedé embarazada me hice más consciente y fui aceptándolo poco a poco, me hice amiga de la muerte, creo que después de mi diario era mi otra buena amiga, le hablaba aunque reconozco que al principio le tenía mucho miedo, pero no quería que ella lo notara, quería que me viera fuerte, segura, con mucho por hacer, y vivir, más ahora en mi estado, para ver si al verme de esta forma se arrepentía, y tomaba otro rumbo, ya nos volveríamos a ver las caras, pero cuando yo hubiese realizado todo lo que aún me faltaba por completar, pero no ella seguía ahí, solo observándome, y esperando su momento, ya el ticket tenía fecha de expiración, entonces un buen día me rendí a sus pies, la mejor opción para mí, jamás cuestioné los designios de Dios, pues con él también tenía una comunicación a diario y fui entendiendo poco a poco que su plan era perfecto aunque ante mis ojos al principio no lo pudiera entender. Quiero irme en paz, por eso le puse a mi adorada perrita ese nombre que significa *"paz"* a la que por cierto tampoco pude disfrutar mucho, espero que ustedes sí puedan hacerlo.

A mis amados padres gratitud eterna por su inagotable amor hacia mí y sé, que al yo no estar también para ustedes, les costara asimilar lo sucedido, pero se tienen mutuamente, me hubiese gustado no haberles proporcionado este dolor, pero algunos se van primero, y en este caso me tocó a mí.

Había tanta sabiduría en sus palabras, que me constaba entender viniendo de una persona tan joven, pero había desnudado su alma y con ello pude entenderla y amarla tal cual era, había llegado el momento de desempolvar el pasado, y con el sanar todas las heridas que había dejado aún abiertas para mi padre, necesitaba ayudarlo, y sacarlo de aquel pozo profundo en el que había caído, jamás buscó ayuda, estaba terriblemente resentido con la vida y con todo aquello que oliera a espiritualidad.

No había sido casualidad nada de lo que había sucedido, estaba clarísimo, tenía que sanar completamente para poder vivir la vida que a mi madre le hubiese gustado que yo llevara, lo haría como un homenaje póstumo a ella, por mi hermano, por sus padres que silenciosamente habían visto mi dolor y el de mi padre, todos unidos en un mismo sentimiento.

Seguía las recomendaciones de mi guía espiritual, volví a pedir ayuda divina y la obtuve, me sentía fuerte, segura como nunca antes, mi fe y la certeza de que Dios estaba de nuestro lado, que siempre lo había estado y que siempre lo estaría, era solo cuestión de creer y entregarse a su voluntad, independientemente de lo que había sucedido, si mi madre lo había podido hacer, ahora nos tocaba a nosotros, era su mensaje del más allá.

Había empezado a amar a ese padre hasta entonces desconocido por mí, había visto su dolor por años, era bien conocido por nosotros, merecía sanar y volver a vivir, tener una ilusión que lo hiciera sentir que seguía vivo, era un buen hombre y ahora me había sensibilizado con su dolor, y con todo lo que había vivido en soledad, tratando de mitigar sus penas de alguna manera, lo necesitábamos y se lo estábamos debiendo a mi madre… ser una familia.

Le pedí a mi guía que fuera a casa y hablara con mi padre, por primera vez permitió que le hablaran de mi madre, se pasaron varios días hablando, hasta que finalmente mi padre aceptó por su propia cuenta internarse en un sitio de rehabilitación, nuestras oraciones habían sido respondidas.

Después de dejárnoslo saber, nos pidió que lo acompañáramos a aquel lugar donde lo esperaban varios meses de incertidumbre, tendría que afrontar y trabajar en su dolor, pero aparte de psicólogos, psiquiatras, trabajadores sociales, contaba con la ayuda invisible de la divinidad a la cual nosotros estábamos aferrados, lo dejamos en aquel lugar y no lo volvimos a ver hasta pasados 2 meses, pero nos mantenían al tanto, luego nos pidieron como familia hacer terapia con él, eso le haría mucho bien, así lo hicimos, pudimos desahogarnos y por primera vez que nos viera como sus hijos que lo amaban, sin reproches, entendiendo que todos de alguna manera necesitábamos ayuda, fueron momentos cargados de mucho dolor reprimido para todos, pero finalmente la luz aparecía en nuestras vidas, después de tanta oscuridad.

Cuando habían transcurrido 3 meses y con el consentimiento del equipo que lo atendía, le comenté del diario, y se mostró muy ansioso, temí que recayera, pero aún así, él debía saber el gran amor que mi madre le había profesado aún después de haber partido, le conté de mis sueños recurrentes con ella y que en el último para mi cumpleaños, me había revelado la existencia de aquel diario que él por supuesto desconocía, y era necesario que supiera lo que ella había guardado celosamente por tantos años, así que con mi hermano como testigo le leí las cosas que él desconocía lloramos los tres y nos fundimos en un abrazo que ella pudo sentir.

Me pidió que se lo dejara quería leerlo en soledad. Y lo entendí perfectamente, había llegado el momento de sanar. Cada vez que lo visitábamos era otro tipo de persona, imagino del que mi madre se había enamorado perdidamente, nos pidió perdón por haberse dejado cegar por el dolor, pero ahora era un nuevo ser, que empezaba a reconciliarse con la vida, con Dios, con su familia, y eso era lo más importante para nosotros. Lo que mi madre había escrito en este viejo diario le había cambiado la vida, con lo que su amada había cargado sola en toda su vida, para no hacer sufrir a nadie, eso al parecer movió sus cimientos, y el cambio no se hizo esperar, cada día veía un brillo muy especial en sus ojos, y su semblante era totalmente diferente, había vida en su expresión, y todo su cambio me hizo saber que íbamos por buen camino, pasaron un par de meses más, y finalmente le dieron el alta, ahí estaban mis abuelos, mi hermano y yo recogiéndolo, demostrándole todo nuestro apoyo y amor incondicional para que se reintegrara a su familia, la que tanto lo necesitaba y extrañaba.

No niego que llegué a temer que pudiese recaer, pero eran solo mis miedos, las nubes habían desaparecido de nuestras vidas, él siempre me recordaba que si Dios le había dado otra oportunidad de ver la vida con sus ojos, no sería en vano, decía que el tiempo no se podía recuperar, pero no se lamentaría un día más que le quedara de vida y en el que podía ser feliz con sus hijos, producto de su gran y único amor, lo que más deseaba era que ella pudiera continuar su viaje hacia la luz, viéndolo a él finalmente sin dolor y feliz al lado de sus hijos, esa era su gran motivación, leer aquel diario le había cambiado por completo su forma de ver la vida, dándose cuenta como su esposa había enfrentado valientemente la vida, a pesar de la incertidumbre con la que vivía, nunca quiso, comentárselo a nadie y se lo llevó a la tumba.

Estamos cada día más compenetrados con mi padre, nos demuestra su afecto de todas formas, es tierno, cariñoso, nos entiende, nos da lo mejor de sí mismo, ahora entendemos por qué mi madre lo amaba tanto, más que un padre ahora tenemos al mejor amigo. Han transcurrido los años y hemos aprendido mucho de él, su fuerza, su coraje, es cómo el ave fénix resurgió de las cenizas, y esta vez para volar más alto, siente mucha gratitud por la vida, y por todo lo vivido, ahora agradece a Dios por el tiempo que pasó al lado de mi madre y lo hace sin dolor, ni resentimiento, ahora es consciente que la vida y la muerte son lo mismo. No hay fin, son solo ciclos.

Cada día que pasa es un hermoso regalo que nos dan para darnos cuenta de que estamos vivos y que aún nos faltan cosas por hacer, pero procuramos vivir un día a la vez, sin pasado, sin fantasmas, sin futuro, disfrutando el maravilloso presente y todo lo que él nos ofrece, ahora recordamos a mi madre con mucho amor, las heridas sanaron, mis sueños con ella casi cesaron, pero las pocas veces que han ocurrido me transmite tranquilidad y paz. ¡Sé que está bien! Ahora al recordar los viejos sueños con mi madre entendí, por qué…*Las santas no van al cielo.*

Olivia

Volviendo a vivir

No sé si lo que estoy viendo es real o acaso es parte del sueño en el que me encontraba, ¡me pregunto! cientos de pensamientos inundan mi mente, hay tristeza, rabia, y mucho dolor, fui creciendo con ellos, por eso ahora estos sentimientos no me dejan, no quieren irse, se hicieron parte de mi personalidad.

Siempre quise creer que todo lo que sucedía en mi diario vivir era irreal, un mal sueño, una horrible pesadilla quizás, pero que un día despertaría y todo volvería a la normalidad, pero tampoco la conocía, así que me era muy difícil identificarme con ella.

Trató de recordar cómo llegué hasta este hospital, quien me trajo, aún estoy muy aturdida y con mucho miedo de que me saquen de este lugar en contra de mi voluntad, y sea nuevamente ultrajada y manipulada por mis *"padres"* mis captores, antes de que eso pueda suceder prefiero quitarme la vida, de hecho, ya lo he pensado, estoy cansada de vivir.

A través de los cristales de la habitación donde me encuentro, puedo ver enfermeras, médicos, nunca los había visto, son mis héroes, es como si esta nueva realidad fuera ficción, la cual me cuesta creer, hasta hace tan poco todo era completamente diferente. Estoy siendo atendida y querida por un personal que sin ser parte de su familia me tratan como tal, siento su amor, lo puedo ver en sus ojos, ese sentimiento que jamás conocí, también imagino que sienten compasión por mis heridas, pero independientemente de cualquier sentimiento los veo como seres maravillosos que comprometen su vida a consta de la suya, con un solo propósito, salvar vidas, sanar heridas del cuerpo, pues las del alma ese es otro cuento.

Quería saber cómo había llegado a aquel lugar, pues no recordaba nada o más bien no deseaba recordar, me contaron que había sido encontrada por un policía, que al verme pensó que estaba muerta, tenía una pistola a mi lado, pero luego se percató que solo estaba desmayada y con algunas heridas, el sitio era muy apartado y estaba semiescondida en unos matorrales, el cálculo que debería estar ahí por un par de días, pensó que quizás me había extraviado del camino y después de mucho caminar, finalmente mi cuerpo no resistió más y colapso, estaba demasiado débil.

Tenía varios días en aquel hospital, y me habían sedado pues deliraba debido a la fiebre que tenía producto de una infección, pero poco a poco y con muchos cuidados empecé a recuperarme.

Al despertar por primera vez en la vida me sentía libre, pero temía que vinieran por mí, mis captores, y esto me produjo una gran ansiedad, pero Mary una dulce, y cariñosa enfermera me comunicó que no tenía nada de que preocuparme, pues ellos habían sido arrestados cuando intentaban dejar el país, y ahora estaban en la cárcel en espera de su juicio, tenía que ser fuerte para dar mi testimonio, al igual que mis pequeños hermanos, sentí un poco de alivio, pero no quería volver a verlos nunca más, internamente mis miedos eran mis fantasmas, mis pesadillas, todo aquello conectado a mi cruel pasado.

Mary mi ángel número 2 aquí en la tierra, me había tomado mucho cariño, sentía mucha compasión y pena por mí, pero a medida que pasó el tiempo, solo fue amor incondicional, cada día me demostraba lo mucho que le importaba, cosa que nunca experimenté, ella me hacía sentir segura y protegida.

Cuando dejé el hospital me llevo a vivir a su casa, y me juró que no permitiría nunca más que alguien volviera a lastimarme, esa promesa me daba cierto alivio, se había enterado de mi historia por los medios, yo no quería recordar, deseaba pensar que era un mal sueño y que ya había terminado... ella fue sumamente paciente y supo esperar.

Tenía que enfrentarme a mis captores y ella deseaba que para ese momento pudiera tener, aunque fuera, un poco de paz. Pero, no iba a ser nada fácil el camino que tenía aún por delante.

Mary provenía de una familia religiosa, siempre supo cuál era su vocación quería servir y dar amor, enviudo siendo muy joven, y eso la llevó a cuestionarse muchas cosas sobre su vida, pero su fe la mantuvo en pie, pasaron muchos años y nuevamente volvió a enamorarse de otro hombre maravilloso con el cual procreó su único hijo, pero nuevamente la vida la puso a prueba y cuando pensaba que nadie podía arrebatarle aquella felicidad, su amado perdió la vida en un accidente, quedando devastada y con un hijo de apenas 3 años, en el cual se refugió para salir de aquel trance tan doloroso, se dedicaría a él por completo y todo el amor que tenía se lo daría a su hijo, él era su principio y su fin, pasaron los años y las heridas cerraron, era muy feliz al lado de su hijo el cual le proporcionaba grandes satisfacciones, pero la vida tenía otra quizás la más dura prueba a la que una madre pueda enfrentarse, con tan solo 18 años y toda una vida por delante, pierde la vida en un trágico accidente en compañía de sus dos mejores amigos, habían pasado muchos años de esta última y dura prueba, pero me contó que esta sí la había devastado por completo, era su único hijo, en él había puesto su vida entera, así que pensaba que su dolor era imposible de superar, pero después de un largo duelo, en el cual pasó por diferentes etapas, aceptó finalmente la realidad, pasó por grupos de apoyo de todo tipo, busco terapia, había caído en un hueco profundo en el cual según ella pensaba que nunca más vería la luz, pero finalmente logró procesar su dolor y ahora era todo amor lo que daba a quien lo necesitase, me contó su historia sin dolor ya sus viejas heridas hasta las más profundas habían cicatrizado, y quería contándome su historia entendiera, que otras personas también habían pasado por episodios muy dolorosos, pero que al igual que ella, yo también saldría de aquel pozo oscuro y sin aparente salida en el que me encontraba.

Dios la había puesto en mi camino, ese que yo no conocía, pero que aprendí a conocer a través de ella, no era casualidad que nuestras vidas se hubieran cruzado. De Mary aprendía cada día, veía como ayudaba a tantas personas, su generosidad no conocía límites, según ella, en el más necesitado veía los ojos de Dios, esta gran mujer me estaba dando lecciones de vida, indudablemente dejaría huella con todas las acciones que hacía diariamente, tanto en el hospital, como en otros lugares donde hacía de voluntaria o en cualquier lugar donde requirieran su presencia, siempre estaba dispuesta con una sonrisa.

Un buen día que sentí la necesidad de hablar, le conté a Mary mi historia, ya no podía más, tenía pesadillas donde me venían a buscar estas personas las que me habían raptado, sufría enormemente ya no podía con este dolor que oprimía mi pecho, las noches se convertían en un verdadero suplicio, demasiadas emociones estaban sucediendo en mi interior y tenía que desprenderme de todo aquello, para poder continuar con mi vida y tener un poco de paz. Necesitaba sanar, soltar mis miedos y el dolor que me producía el solo hecho de recordar. Empecé a recibir todo tipo de terapia, pero no me estaba resultando nada fácil, cada sección era abrir heridas que no habían sanado y se habían infectado, era muy doloroso y caía en fuertes depresiones, de las que salía gracias a todo el apoyo que recibía de gente maravillosa y en especial de mi querida Mary.

Traté de prepararme lo mejor que pude para enfrentar mi pasado, así que cuando empecé mi primera cita, la terapeuta una persona de gran experiencia ya se había enterado de algunas cosas de mi pasado por los medios de comunicación, era una mujer gentil y bondadosa, había estado en la vida de Mary por diferentes motivos, pero especialmente en la pérdida de su hijo, así que eso me daba cierta tranquilidad.

Olivia me dijo: vamos a ir paso a paso, el día que no quieras hablar, simplemente quiero que vengas y nos tomamos algo, vamos a ir a tu ritmo, pero quiero que entiendas que solo de ti depende que puedas sanar y el tiempo lo decides tú, no será fácil, pero finalmente verás la luz en tu vida, cuando te liberes del peso que estás llevando y con la ayuda de Dios, lo lograrás. ¡Dios!... le respondí, quien es ese Dios que permitió que fuera separada de mis padres con tan solo 6 años, donde estaba para defenderme en todos estos años de cautiverio, lo poco que conozco de él lo he aprendido con Mary.

Ella guardó silenció yo quería que me respondiera, pero nada de lo que hubiese dicho en ese momento, calmaría mi rabia y mi sed de respuestas. Después de un largo silencio, tomé agua y continúe. Mis recuerdos son lejanos y vagos, era apenas una niña, tan inocente, pero era muy querida por mis padres, es el único recuerdo que me queda de ellos, necesito escarbar en mi interior para entender de dónde vengo, y poder darle sentido a mi vida.

Fui raptada por una vecina que decía ser amiga de mis padres, desapareció junto a su marido sin dejar rastro de su existencia, como si la misma tierra se los hubiera tragado, bueno a decir verdad a ellos no, pero a mí sí, todo lo habían planificado a la perfección y con mucha antelación, emigraron a otro país junto a tres niños más pequeños que yo, a los cuales los hacían pasar por sus hijos y con falsa identidad dejaron su país de origen, los 4 niños habíamos sido robados por estas personas, aunque creo que esta palabra les queda grande, tampoco se les puede llamar animales pues los estaríamos ofendiendo, ellos son nobles, cariñosos y te dan amor a cambio de nada, sentimiento que ellos no conocían, se ganaban la confianza de las personas para luego ir en busca de sus presas, si eso éramos para ellos, seres indefensos y vulnerables, se me hizo un nudo en la garganta y empecé a llorar, no podía continuar más por lo menos ese día, ella me abrazó y también lloró se sensibilizó con mi dolor y eso fue reconfortante. Los días iban pasando, pero los recuerdos me atormentaban, sentía rabia, quería quitarme este dolor, escuchaba voces en mi cabeza incitándome a atentar contra mi vida, otras veces oía a una niña que estaba muy asustada, estaba teniendo alucinaciones auditivas, por lo cual fui tratada y medicada.

Segunda sección.
Terapeuta:
—Olivia, ¿quieres hablar hoy? –, sí le respondí.

Vivíamos en una casa muy apartada de la civilización, con los que creía eran mis padres y mis 3 hermanitos de 4, 3 y 2 todos habíamos corrido con el mismo destino éramos esclavos de ellos, se hacía lo que ellos decían, fuimos secuestrados y con ellos nuestra vida, nuestros sueños, simplemente dejamos de existir, éramos 2 niñas y 2 niños los más pequeñitos si eran hermanos, nos cambiaron los nombres, cambiando nuestra identidad, siendo tan pequeños todos y tan indefensos seríamos la fuente de su sustento, así que al principio nos usaban para pedir en las calles, este sujeto era muy cuidadoso al dejar a su mujer, casi siempre eran sitios diferentes, y al verla con 4 niños todos mugrientos y muertos de hambre, le llenaban los bolsillos de dinero y nos daban alimentos, era lo único que comíamos, si les había ido bien nos daban algo de las sobras de sus comidas, aunque otros días eran más generosos y nos daban algo de cenar, en las mañanas no, pues se tenía que ver el hambre en nuestras caritas para que se apiadaran de nosotros, esta mujer decía que su esposo la había abandonado con sus pequeños, nosotros no podíamos hablar con la gente que se nos acercaba nos tenían adiestrados, tal como si fuésemos unos animalitos. Yo me sentía la mamá de estos pequeños y creo que ellos me veían así, al ser la más grandecita y la más espabilada.

Nuestra vida transcurría en esta miseria, pidiendo limosna, día tras día, pues esta mujer decía que estaba muy enferma y que su esposo la había abandonado, mientras pasaba el tiempo llegamos a pensar que eran nuestros padres, nos hacían llamarlos papá y mamá, pasó un buen tiempo y nunca más nos volvieron a sacar a la calle, temían cualquier indiscreción de nuestra parte, o que alguien pudiera reconocernos y sus vidas estarían arruinadas, ya tenían un plan B en sus cabezas…

Este sujeto desde que yo llegué a sus vidas empezó a tocar todo mi cuerpo, lo manoseaba como buscando algo que se le hubiese perdido, y no solo a mí, sino también a mis hermanitos, nos obligaba a que lo tocáramos y luego nos ponía a hacerle sus depravaciones, para luego masturbarse delante de nosotros, era asqueroso no había rastro de compasión en él, aquel recuerdo estaba tan escondido en mi mente, que al recordar aquel amargo momento me dieron náuseas y tuve que ir al baño a vomitar. Ese día no pude continuar. Mi vida iba transcurriendo, algunos días mejores que otros, empecé a tener menos pesadillas, en cambio sueños hermosos, era cargada por unos ángeles en medio de mucha luz y me susurraban al oído todo va a estar bien, se lo comenté a Mary y a mi terapeuta las cuales me dijeron que eran buenas señales, y que estaba en las mejores manos, con el tiempo lo llegué a entender.

En mi siguiente terapia la retomé en donde había quedado, había algo dentro de mí que me animaba a continuar, y yo sabía que para poder sanar tenía que sacar todo aquello que se había enraizado profundamente y que ya no necesitaba más. Este señor, nuestro supuesto papá, nos tomaba fotos desnudos, nos violó, nos sometían él y su mujer a todo tipo de abusos emocionales y físicos, ella al igual que él, disfrutaba de todo lo que a este monstruo se le pasase por su cabeza y también participaba, nuestro sufrimiento y agonía les producía un gran placer. Ella era tan pervertida como él y nos tenían aislados del mundo, el día de nuestro secuestro dejamos de existir.

Salían y nos dejaban solos, nos daban comida cuando según ellos nos portábamos bien, llegaban tarde borrachos y drogados y entonces empezaba nuestro calvario, nuestro infierno pues nos despertaban a golpes, nos amarraban cuando les daba la gana, yo recibí más golpes pues al ser la más grande para ese entonces me rehusaba y recibía la peor parte en todos los aspectos, me encerraban en un cuarto oscuro, después que los dos me habían sometido a todos sus vejámenes los más pequeños lloraban y esto los enfurecía más.

Muchas veces no opuse resistencia para que los niños no sufrieran, los abusos y los golpes eran prácticamente nuestro pan de cada día, nuestro dolor les causaba un gran placer, la otra niña dejó de hablar cuando fue abusada por este sujeto, yo veía en su carita la angustia y el dolor cada vez que él abusaba de ella, mientras su mujer lo contemplaba, yo no podía hacer nada solo llorar y eso los hacía enojar enormemente, entonces venía mi castigo, fuimos tratados de una manera tan cruel, que es imposible pensar que un ser humano pueda tratar a otro de una manera tan despiadada, es impensable y más con seres que no se pueden defender.

Cada terapia era otro reto más, recordar avivaba en mí una gran sed de venganza, pero luego después de desahogarme empezaba a sentirme libre, era una sensación agradable, quería buscar a mis hermanitos que ya sabía no estaban en su poder, eran mi familia, pero debía estar fuerte para poder ayudarlos a ellos también aunque todavía no estaba en condiciones de hacerlo, esto se convirtió en mi mayor motivación, aparte de que pronto vendría el juicio y no quería que me vieran derrotada al contrario quería que la última imagen que tuvieran de mí, fuera la de una mujer que nunca pudieron doblegar y que estaban ahí por mí, de donde no volverían a salir con vida.

Continuaba con las terapias religiosamente y mi terapeuta estaba totalmente comprometida conmigo, los años seguían transcurriendo ya era una adolescente sin sueños y sin vida, ella se aseguraba que no fuéramos a quedar embarazadas, los abusos no mermaban, muchas veces él salía en las noches, pero ella no lo acompañaba.

Una noche él regresó borracho y con él venía otro hombre, me había vendido y tuve que tener relaciones con este otro despreciable ser que sabía que era una menor, pero no le importó, con tan solo 12 años y mi hermana con 10 empezaron a prostituirnos como les dio la gana, éramos carne fresca y de su propiedad, total no teníamos a nadie quien nos defendiera, empezaron a desfilar todo tipo de hombres, la mayoría viejos parece que nuestra indefensión los excitaba más, esos enfermos simplemente venían y tomaban nuestra inocencia para su placer, solo pensaban en ellos, nosotras no existíamos y así fue pasando el tiempo, luego lo hicieron con los varones, recordar todo esto hizo que retrocediera y caí en una fuerte depresión, pero siempre a mi lado estaba Mary aquella noble mujer que se había convertido prácticamente en mi madre, apoyándome y haciéndome sentir amada, su afecto era un bálsamo para mi atormentada vida.

Nuevamente enfrenté la realidad y continué con mi terapia, recordé un episodio muy enterrado en mi subconsciente de donde lo tuve que sacar, cuando tenía tan solo de 7 años quiso penetrarme analmente y fue tanto mi dolor que no pudo hacerlo y enceguecido de rabia me dio una paliza que si su mujer no lo separa de mi pequeño cuerpo me hubiese matado, lo mejor de todo fue que como estaba tan golpeada estuvo un buen tiempo sin tocarme, pero me obligaba a ver lo que le hacía a mis hermanitos sabía que aquello era muy doloroso para mí, el que no me tocara durante ese tiempo es el único recuerdo agradable que llega a mi mente, entre comillas.

Cuando empezaron a prostituirnos nos alimentaban mejor y nos compraban ropa para los clientes, algunos inclusive nos la llevaban para que se la luciésemos, los clientes se habían convertido en sus *"amigos"* hacían que tomáramos y nos daban algo de droga, para que olvidáramos que éramos niños y actuáramos como adultos, pero no eran todos, algunos solo iban a satisfacer sus bajos instintos con menores indefensos y se marchaban rápido, otros por el contrario se pasaban una buena parte del día, o de la noche, así que dormir ni pensarlo, imagino que por eso lo de la droga la cual aborrecía.

"Nuestros padres" tiranos eran tan *"generosos"* que nos daban un día de descanso a la semana, algunas veces dos, pero era bien raro, debíamos trabajar para sus caprichos, pues ellos si se daban una buena vida. En ese día tratábamos de olvidar todo lo que nos sucedía, y realmente éramos felices, creo yo, al ser la mayor procuraba darles un poco de amor y les prometí que nunca los abandonaría.

Sentía mucha pena por mi hermanita, quien no podía expresarse, pero ni su condición fue obstáculo para tener ningún tipo de privilegio, el más pequeño, que era todo amor y dulzura a medida que empezó a sufrir los abusos se convirtió en un adolescente agresivo y hostil, al igual que nosotras había sido abusado primero por este hombre y después por los clientes que llevaban, cuando tenía ataques de agresividad era calmado con palizas que le propinaban, para que lo pensara antes de actuar, pero él no le demostraba miedo y lo retaba, un día después del castigo físico, lo metió en un sótano oscuro por una semana y solo le llevaban comida una vez al día, ese episodio fue realmente conmovedor y mucho más cuando finalmente lo sacaron, su rabia, su impotencia y su dolor se podían sentir a kilómetros de distancia, el otro niño al ver todo esto del más pequeño siempre colaboraba en lo que lo mandaran a hacer.

A medida que el tiempo transcurría fui dándole forma en mi mente a un sueño que tenía, escapar de aquel sitio era mi gran motivación, era casi una misión imposible, pero tendría paciencia, no tenía nada que perder, llegué a pensar que un día nos tirarían a la calle como basura, pues ya no les serviríamos más, pero eso sí que era imposible, jamás se iban a deshacer de la fuente de su sustento, que ingenua era ahora que lo miro en retrospectiva. Así que continué con mi sueño, empecé a visualizar cada detalle, eso alimentaba mi espíritu, me mantenía viva, imaginaba como sería la vida en libertad, era lo único que deseaba, aquel sueño se había convertido en mi mente en una realidad, nunca me permitía dudar había una fuerza interna que siempre había conservado a pesar de las circunstancias tan adversas por las que aún siendo tan joven me había tocado vivir.

Tenía muchos clientes, bueno, realmente no eran míos, es una forma de decir, algunos eran fijos de años, y me propuse *"conquistar"* a uno que fue el primero de una larga lista, este abusaba de mí, y lo digo de esta manera pues no tenía mi consentimiento, tendría unos 40 años cuando lo hizo por primera vez, así que lo conocía bastante bien, siempre estaba armado decía que para protegerse *"mis padres"* lo respetaban mucho, algunas veces llegaba borracho me tomaba por la fuerza, dormía un poco y luego se marchaba, pero siempre tenía el arma consigo, al principio me infundía mucho temor, pero con los años me fui ganando su confianza, haciendo todo lo que me pedía, trataba de complacerlo, me mostraba cariñosa y siempre atenta, a todos sus caprichos, y poco a poco me fui ganando su confianza, y creó su cariño, mientras en mi mente seguía fantaseando con aquella pistola como si fuera mía, la que muchas veces había puesto en mi rostro para dejarme saber quién tenía el control y creo que eso también cuando estaba ebrio le daba placer. Nunca les comenté a mis hermanos de mi loco sueño, pero les dije que debíamos portarnos bien, y asumir que esa era la vida que teníamos por el momento, algún día las cosas cambiarían.

"Mi madre" estaba más que complacida, me dijo que pronto cumpliría 19 años, que posiblemente lo celebraríamos, así que cuando mi viejo cliente vino a verme le comenté que para tal día cumpliría años, y me dijo que le pidiera lo que quisiera, yo le dije que solo dos tortas una para mis hermanitos y otra para mí, eso me haría feliz, como sabía que era tan respetado por *"mis padres"* ellos no pondrían objeción, él siempre traía mucho licor, algunas veces se lo tomaba antes de llegar.

Trataba de no mostrarme nerviosa ni ansiosa, necesitaba estar calmada, pues de no salir como en mi mente lo había visto, lo que me esperaba no tendría nombre, la muerte sería bienvenida, tenía las imágenes tan vividas en mi mente que no me permitía dudar, era eso o perder las esperanzas por siempre y resignarme a mi cruel destino. Él me había dicho con antelación que se quedaría toda la noche, cuando me lo dijo me mostré muy feliz.

Finalmente el gran día llegó, se apareció con mucho licor quería que yo me emborrachara igual que él, trajo las tortas, un vestido y algo de comer, ya venía bastante ebrio, pero sabía que se quedaría toda la noche y cuando eso sucedía se echaba a dormir eran tantos años que lo fui conociendo a la perfección.

Así que decidí complacerlo en todo lo que sabía, a él le gustaba, sin tener que pedírmelo, u obligarme, se veía contento, estaba confiado pues sabía que mis captores estaban en otro cuarto, y con conocimiento que pasaría toda la noche conmigo celebrando, este cliente era sumamente generoso con ellos, casi lo veneraban, como ya venía ebrio, empecé a hacerle creer que yo también estaba tan borracha como él, estaba sumamente confiado y relajado, ahora mi sueño estaba casi convirtiéndose en realidad, cuando lo vi profundamente dormido y roncando, entonces me dispuse a llevar mi plan, tenía que actuar rápido, pues si llegaba a despertarse y verme con su arma, fin de la historia, y de mi vida.

Había puesto su pistola en la mesa de noche como venía haciéndolo desde un tiempo atrás, especialmente cuando estaba borracho y me había dejado saber que el día que se me ocurriera tocarla sin su permiso, no viviría para contarlo, eso me lo había dicho años atrás, así que como mi vida de todas maneras no valía nada, tomé el arma, algunas veces la había tomado, pero con su permiso, estando él al lado mío, ahora en cambio era diferente, recordando su amenaza, me puse nerviosa y se me cayó, logré tomarla de nuevo, pero para ese momento, él ya se había medio despertado, pero la borrachera no lo dejaba pararse, ni pensar, más, sin embargo tambaleándose, creo que pensaba que estaba teniendo un mal sueño, trato de abalanzarse sobre mí, y en ese momento le disparé, todo pasó demasiado rápido, vi sangre y pensé que lo había matado pues se desplomó.

Salí corriendo de aquella habitación empuñando el arma y dispuesta a todo, deseaba poder salir de aquella casa antes que *"mis padres"* pudiesen reaccionar, pero ellos estaban aturdidos y pensaban que la muerta era yo, mi único objetivo era huir y si él se interponía también le dispararía, él guardaba celosamente un arma, imagino por si un día tenía que escapar, todo pasó tan rápido que no les dio tiempo de nada, quiso acercarse y no le di chance me advirtió que si escapaba mataría a los niños, fue entonces cuando también le dispare, ella empezó a gritar, estaba acorralada y en mis manos, ella que siempre había tenido el control, podía escuchar al fondo el llanto de los niños, pero no podía detenerme, tenía que escapar como lo había planeado largamente, le dije que me abriera la puerta o ella sería la siguiente, creo que vio tal resolución en mí que no le quedó más remedio, salí corriendo descalza, lo único que podía recordar era que corría en libertad en medio de la nada y de una noche oscura que me acompañaba, pero no tenía rumbo fijo, si ella me encontraba me mataría, era lo único que tenía en mente, ella conocía el camino y tenía automóvil, en cambio yo estaba completamente perdida, no sé cuánto tiempo pasó hasta que perdí el conocimiento, cuando intentaba resguardarme y descansar un poco, estaba completamente exhausta ya mis fuerzas se habían ido, ahora estaba a la merced de lo que me deparara la vida, no sé el tiempo transcurrido, hasta que fui encontrada en un estado según Mary, deplorable.

Así terminó esa horrible pesadilla en mi vida. El haber soltado todo el enorme peso que llevaba a cuestas por tantos años, esa basura no me pertenecía y que ahora veía tan lejana una vez que la enfrente. Sabía que tenía que perdonar y perdonarme.

Me enteré de que una vez que yo había escapado, esta mujer se llevó a su marido herido, pero no de gravedad y cuando intentaban dejar el país fueron atrapados, mi cliente no había muerto como yo pensaba estaba preso y dispuesto a declarar en contra de ellos, pronto empezaría el juicio y ahí nos veríamos la cara todos, quería ver a mis hermanitos, y que supieran que no los había abandonado, al ser menores, estaban en poder del estado, hubiese deseado que no tuvieran que verle la cara a ellos nunca más.

Pasaron algunos meses, y un buen día Mary me despertó para decirme que no volvería a ver la cara de este hombre nunca más, al preguntarle por qué, me dijo que había sido brutalmente asesinado en un descuido pues era celosamente bien vigilado, no puedo explicar lo que sentí, pero no fue precisamente alegría, quizás alivio, pues ni los niños ni yo tendríamos que verlo más. Quedaba ella aunque creo que no era la autora principal, pero seguía siendo tan culpable o más que él, pues ella era la que se ganaba la confianza de nuestros progenitores para luego robarnos.

Había mucha evidencia, aparte de nuestro testimonio, no tendría escapatoria, en el juicio no levantaba la cara del piso, se veía flaca y demacrada, ya no quedaba rastro de aquella mujer que nos había hecho tanto daño, sin nosotros merecerlo, imaginé que fue por lo que le había pasado a su marido, de todas maneras recibió una larga condena, a pesar que había colaborado con las autoridades para que otros pedófilos fueran capturados, pues ella tenía una gran lista de tantos años, y mucha evidencia fue encontrada en aquella casa.

Mary quería que yo me reencontrara con mis padres, yo les había prometido a los niños que buscaríamos a sus padres y que siempre iba a estar pendiente de ellos y así lo hice, la niña recibía terapia y yo esperaba que algún día pudiera hablar, bueno los tres recibieron todo tipo de ayuda espiritual y emocional, al principio fue muy duro para ellos también, pero poco a poco sus heridas empezaron a sanar, eran cuidados y protegidos, Mary y yo estábamos al tanto, pero aún no podía hacerme cargo de ellos.

Teníamos que buscar a nuestros padres, y la única que podía darnos esa información se había negado, no quiso recibirme en el sitio de reclusión donde se encontraba, cada vez que pensaba en mis padres imaginaba lo mucho que debían haber sufrido, los míos y los de los niños, sin haber dejado rastro de nosotros, imaginaba su agonía, y pensar en ello me dolía el alma... pero no me rendiría.

Un día por medio de la televisión nos enteramos de que mi *"madre"* o mejor dicho la que habíamos considerado como tal, estaba en un hospital muy grave, estaba muriendo, mi primera reacción fue de alegría, se tendría que enfrentar a la justicia divina, pensaba que quizás sería un buen momento para que ella pusiera su alma en paz.

Quería verla que me contara mi historia y la de los niños, quienes eran nuestros padres, cómo se llamaban, en donde podíamos encontrarlos, y si seguía con la negativa de no hablar, pero estaba muriendo, quería pensar que en sus últimos momentos tendría un poco de misericordia con nosotros y nuestras familias, Mary me dijo que confiáramos en Dios y yo a regañadientes le hice caso, pero cuando Mary se estaba preparando para ver si nos permitían un encuentro con ella, recibimos una noticia del hospital, donde nos informaban que ella quería vernos a todos, era una señal divina, no cabía la menor duda.

La noche anterior al encuentro apenas si pude dormir, estaba ansiosa y muy cansada, tenía muchos sentimientos encontrados, lo que sí tenía muy claro es que si buscaba mi perdón, se quedaría con las ganas, esto por supuesto no se lo comenté a Mary, ella sabía que para mí el perdón hacia esta mujer no era negociable, y entonces qué ejemplo les daría a los niños, ellos que siempre me vieron como la más fuerte, no quise seguir dándole más vueltas al asunto y traté de no pensar en ello, muy temprano recogimos a los niños, no sabía cuál sería su reacción, pero les dije que era la única oportunidad para encontrar a nuestros verdaderos padres, era lo único que me unía a esta mujer, cuando llegamos efectivamente le confirmaron a Mary la gravedad de su salud, y había pedido que antes que no pudiera llegar a hablar, necesitaba que la liberáramos pues ya no podía más, el remordimiento y la culpa se la estaban carcomiendo por dentro, jamás imaginé que ella pudiera tener este tipo de sentimientos, que otra cosa más, estaba aprendiendo de la vida.

El encuentro

Mary nos acompañó al cuarto donde la tenían, en su rostro se dibujó una leve sonrisa, se notaba agotada, de aquella mujer fuerte sin escrúpulos, sin sentimientos, no quedaba nada, veía mucha tristeza y angustia en su rostro, estaba frágil y a la merced de la muerte que la estaba esperando, no quería sentir compasión ni lástima, ella nunca la había tenido por nosotros, la vida la había puesto en nuestros caminos para desgraciárnosla, no quería tener ningún sentimiento bueno hacia ella, pero lo estaba sintiendo, recordé las palabras de Mary un tiempo atrás, cuando aún sin saber que todo esto sucedería me dijo que debía perdonarla, que no me dejara llevar por el rencor sino por el amor, que si no lo hacía viviría el resto de mi vida atada a ella y a ese sentimiento que no me dejaría vivir en paz, era solo una decisión y era completamente mi responsabilidad hacerlo o no. Recordar sus palabras me confundió y algo dentro de mí, se rompió.

En aquella habitación nadie hablaba, hasta que ella sacando fuerzas rompió el silencio.

—No sé cuánto tiempo me quedé de vida, pero necesitaba pedirles perdón, para poder descansar, destruí sus vidas y las de sus familias y no hay justificación por todo lo que los hice pasar, cuando me enteré de la gravedad de mi enfermedad, empezaron a suceder cosas y a tener sentimientos que nunca había experimentado, recreé toda mi vida junto a ustedes, y sabía que debía remediar en algo tanto daño que les causamos. —Su voz era débil y se quebraba por momentos, pero continuaba—: He dejado una carpeta que he guardado celosamente y está con mis pertenencias, van a encontrar su origen y sus nombres verdaderos, con todo lo que aparece ahí podrán encontrar a sus padres y cerrar este amargo capítulo en sus vidas, quiero pedirles perdón y decirles que es necesario para que puedan continuar sus vidas.

No podía creer lo que estaba oyendo, o sea, que debíamos perdonarla para que pudiéramos continuar con nuestras vidas en paz, el perdón si se lo llegásemos a dar era por nosotros, pensé que era arrogante y manipuladora, cómo puede decir eso, ella lo que quiere es que la liberemos de la culpa, nosotros no le importamos, nunca le importó.

Entonces recibí una gran lección, mi hermanita se acercó y como aún no podía hablar, le pidió una hoja a Mary y ahí escribió, *"Te perdono, por ti y por mí, ese gesto de generosidad era demasiado grande"*, luego pasaron mis hermanitos los cuales también la perdonaron, ella no pudo ni quiso reprimir sus lágrimas, nunca la había visto llorar, los niños fueron saliendo de la habitación, solo quedamos Mary y yo y aún siendo consciente de todo lo que había visto y escuchado, yo no podía perdonarla, ella con la voz aún más débil, imagino, por tanta emoción, me dijo:

—Solo perdóname para que puedas vivir en paz.

Sentí como si me hubiera dado una cachetada.

Mary al ver mi reacción me tomó la mano, quería darme seguridad pues veía mi rostro descompuesto, le dije vámonos, ella sin decir nada, me acompañó hasta la puerta, en el momento que quise cruzarla no pude, había una presencia en frente mío que no me dejaba pasar, un ser de luz, un ángel y me dijo con voz dulce pero segura:

—Solo si la perdonas podrás rehacer tu vida y alcanzar esa paz de la que ella te habló, al perdonarla, te estás perdonando tú.

Todo estaba sucediendo demasiado rápido y Mary intuyó que algo grande estaba sucediendo en mi interior, había sucedido el milagro que tanto había pedido, en un segundo pude entenderlo todo, me di la vuelta y regresé a su cama, diría que ella también estaba esperando que sucediera un milagro, se sonrió levemente, entonces pude decirle que la perdonaba por mí, pero también por ella, para que pudiera hacer la transición en paz, lo que pasara en el otro lado ya no me correspondía a mí juzgar, le conté brevemente quién era Mary, la mujer maravillosa que Dios había puesto en mi camino, en ese momento un pensamiento fugaz paso por mi cabeza, tienes un ángel y un demonio alrededor tuyo, pero no le presté demasiada atención, le conté que no había sido nada fácil ni para los niños ni para mí llegar a sanar, pero qué sabía que después de aquel encuentro con tantas emociones a flor de piel, nuestras vidas seguirían cambiando para nuestro bien y finalmente estaríamos listos para cerrar ese oscuro capítulo en nuestras vidas.

Dejamos la habitación, sintiendo un gozo enorme en mi corazón, que nadie me lo hubiese podido regalar de no ocurrir aquel milagro, y entendí que la única manera para liberar de raíz cualquier sufrimiento que aún nos pese es perdonando y perdonándonos, ¡esa era la fórmula! A partir de aquel momento nuestras vidas se transformaron, con la ayuda de mi amada Mary, los niños y yo pudimos reencontrarnos con nuestros padres que nunca habían perdido la esperanza de encontrarnos, continuaron sucediendo milagros en nuestras vidas, mi hermanita pudo hablar al reencontrarse con sus padres, fue algo realmente conmovedor que no esperábamos, pero así suceden los milagros, éramos libres, los miedos se habían alejado de nosotros no les dábamos albergue en nuestra mente, aprendimos que si bien es cierto que existe gente que hace cosas malas, también está la contraparte que da la vida por otros sin pedir nada a cambio, aprendimos acerca de lo que es el amor incondicional. Y todos seguimos muy unidos.

Después de mucho tiempo, decidí abrir mi corazón al amor de pareja, y Dios me recompensó con un ser maravilloso, al cual le conté mi pasado y ello no fue obstáculo para pedirme después de 3 años que fuera su esposa, me cuida, protege, había conocido el amor en Mary, pero este era otro tipo de amor, igualmente de valioso como el que le tengo a ella, o a mis seres queridos, no puedo ser madre y no resiento de ello, creo que por ese motivo siempre vi a los niños como si fuera su madre aún siendo muy niña, más que su hermana aunque no llevemos la misma sangre.

Puedo decir con total honestidad que soy feliz, pues aprendí a amarme tal cual era, no podía cambiar mi pasado, pero si desligarme de el, la felicidad era mi mejor opción. Trabajo en lo que amo, contando mi experiencia de vida, dando charlas, sintiéndome útil, aprendí muchísimo de todas las personas que se cruzaron por mi camino y ahora entiendo todo aquello sin justificarlo por supuesto, sigo aprendiendo cada día, conozco a muchas personas que me siguen dando ejemplo de vida, todas tenemos diferentes formas de procesar el dolor, en mi caso se ha ido hace ya bastante tiempo, lo mandé de vacaciones creo que se lo merecía y finalmente entendí por qué... *Las santas no van al cielo.*

Sobre el Autor

Dora Franco, nació en Colombia, es madre, abuela, hija, hermana, amiga, pero ante todo, mujer. Tuvo que enfrentarse a grandes retos en su vida para que afloraran los dones y talentos que había recibido y que habitaban en su interior.

Siendo muy niña siempre se preguntaba, ¿quién soy yo?, ¿por qué estoy aquí? ¿De dónde vengo? ¿Y a dónde iré el día que deje mi cuerpo? Y todas estas preguntas calaron profundamente en su interior, y la fueron llevando con el correr de los años y con sus múltiples experiencias a retomar el camino, que internamente sabía, algún día todos deben hacer. El camino no se hizo esperar y las puertas se fueron abriendo poco a poco, libros, talleres, maestros, muchas herramientas que aprendió de todo ello, pero sobre todo mucha introspección y ni qué decir del trabajo interno que hace diariamente. Tuvo que confrontar su ego, sus miedos, sus fantasmas, pero finalmente entendió que era parte de su proceso para poder comprender cuál era el propósito de su alma y misión de vida.

Su viaje interno ha sido doloroso, solitario, muy personal pero muy enriquecedor, sabe que mientras viva, todos los días aprenderá algo nuevo que la llevara a seguir transformándose en su mejor versión. Sabe que no está sola y nunca lo estuvo, que existe una luz infinita que la seguirá acompañando aún después que deje su cuerpo. Actualmente vive en Miami, EE. UU.

CPSIA information can be obtained
at www.ICGtesting.com
Printed in the USA
LVHW081338101021
700056LV00015B/703